Educando para a argumentação
CONTRIBUIÇÕES DO ENSINO DA LÓGICA

Coleção Ensino de Filosofia

Patrícia Del Nero Velasco

Educando para a argumentação
CONTRIBUIÇÕES DO ENSINO DA LÓGICA

1ª reimpressão

autêntica

Copyright © 2010 Patrícia Del Nero Velasco
Copyright © 2010 Autêntica Editora

Todos os direitos reservados pela Autêntica Editora. Nenhuma parte desta publicação poderá ser reproduzida, seja por meios mecânicos, eletrônicos, seja via cópia xerográfica, sem a autorização prévia da Editora.

EDITORA RESPONSÁVEL
Rejane Dias

EDITORA ASSISTENTE
Cecília Martins

COORDENADOR DA COLEÇÃO ENSINO DE FILOSOFIA
Walter Omar Kohan

REVISÃO
Tucha

CAPA
Alberto Bittencourt

DIAGRAMAÇÃO
Christiane Morais de Oliveira

Dados Internacionais de Catalogação na Publicação (CIP)
(Câmara Brasileira do Livro, SP, Brasil)

Velasco, Patrícia Del Nero
  Educando para a argumentação : contribuições do ensino da lógica / Patrícia Del Nero Velasco. – 1. ed. ; 1. reimp. – Belo Horizonte : Autêntica Editora, 2016. – (Coleção Ensino de Filosofia, 3).

  ISBN 978-85-7526-511-6

  1. Argumentação 2. Lógica 3. Raciocínio I. Título.

10-09165 CDD-160

Índices para catálogo sistemático:
1. Argumentação e ensino de lógica : Filosofia 160

Belo Horizonte
Rua Carlos Turner, 420
Silveira . 31140-520
Belo Horizonte . MG
Tel.: (55 31) 3465 4500
www.grupoautentica.com.br

São Paulo
Av. Paulista, 2.073, Conjunto Nacional, Horsa I
23º andar . Conj. 2310-2312 Cerqueira César
01311-940 São Paulo . SP
Tel.: (55 11) 3034 4468

Para Marcos Antônio Lorieri,
por sugerir a criação deste material e batizá-lo,
pela confiança e amizade, pelas portas abertas.

Sumário

APRESENTAÇÃO 9

INTRODUÇÃO 13

I. O QUE É LÓGICA E DO QUE TRATA 15

II. INFERIR E INFERÊNCIAS 21

III. SOBRE ARGUMENTOS 35
Premissas e conclusões 35
Sentenças declarativas e proposições 45
Observações sobre argumentos 55
Avaliações de argumentos 59
Exercício 61
Proposta de solução 64

IV. DEDUÇÃO E INDUÇÃO 73
Argumentos dedutivos 77
   Alguns tipos de dedução 80
   Sobre verdade, validade e correção 83
Argumentos indutivos 93
   Alguns tipos de indução 97

Sobre argumentos indutivos fortes e convincentes 102
Sobre o princípio e o problema da indução 104

V. INCORREÇÃO LÓGICA: AS FALÁCIAS NÃO FORMAIS 115

VI. SOBRE O LUGAR DA LÓGICA NA SALA DE AULA 149

APÊNDICE – ESTRUTURAS ARGUMENTATIVAS DE TEXTOS FILOSÓFICOS: ALGUNS ESTUDOS DE CASO 153

REFERÊNCIAS 173

Apresentação

Como muitos, esperava que o ensino da lógica ajudasse meus alunos a argumentar melhor e mais logicamente. Como muitos, fiquei decepcionado. Os estudantes que conseguiam dominar bem as técnicas da lógica pareciam convencidos de que essas não os ajudariam muito ao lidar com verdadeiros argumentos (FISHER, 2008, p. vii).

Este livro foi concebido na e para a sala de aula.[1] A pergunta que alguns professores de Lógica fazem (como o fazem os educadores das mais diferentes áreas) diz respeito à apropriação que os alunos têm a respeito dos conteúdos ministrados: os alunos conseguem reconhecer argumentos em textos, sejam estes acadêmicos ou não? Conseguem avaliá-los? As respostas encontradas, como compartilha Alec Fisher no prefácio à primeira edição da obra *A lógica dos verdadeiros argumentos* (2008), nem sempre são afirmativas.

As páginas que seguem têm, pois, uma finalidade primordialmente prática, qual seja, oferecer uma perspectiva

---

[1] Especificamente, foi a princípio esboçado como material didático para a disciplina ministrada pela autora entre 2003 e 2009 *Educando para a Argumentação: aspectos lógicos de uma educação para o pensar*, do curso de pós-graduação *lato sensu Fundamentos de uma Educação para o Pensar*, da COGEAE/PUC-SP; posteriormente, ganhou outros contornos ao ser igualmente usado como texto introdutório para a disciplina *Lógica*, das graduações em Filosofia da Universidade Presbiteriana Mackenzie e da Pontifícia Universidade Católica de São Paulo, entre 2006 e 2009.

possível de acesso à Lógica, baseada em uma abordagem essencialmente informal da mesma. Desse modo, o interlocutor em potencial pode adquirir rostos diferentes: o do professor do Ensino Médio que busca um material introdutório e acessível para inserir a Lógica em sala de aula; o do aluno de (qualquer) graduação que procura familiaridade com conceitos lógicos subjacentes à argumentação; ou, ainda, o de graduados e professores que sempre estudaram a Lógica sob uma perspectiva formal e, nesse momento, vislumbram a possibilidade de aproximá-la de um instrumental efetivo para a leitura estrutural de textos argumentativos.

Fragmentos de determinados capítulos, bem como alguns exemplos dados, constituem versões sem alteração de comunicações proferidas em encontros científicos.[2] "Educando para a argumentação: contribuições do ensino da lógica", inclusive, foi originalmente o título da comunicação que a autora proferiu no I Colóquio Nacional do GT da ANPOF, Filosofar e Ensinar a Filosofar, realizado na Universidade Federal de Uberlândia, em outubro de 2007.

Todos os excertos de obras filosóficas, os textos jornalísticos e os quadrinhos, usados como exemplificação dos conceitos trabalhados, serão citados no próprio corpo do texto, não constando nas referências bibliográficas. Serão escritos em itálico os títulos de obras, bem como as palavras estrangeiras; já os termos que designam conceitos-chave aparecerão – na primeira vez em que são usados em contexto relevante – em negrito.

---

[2] Uma dessas comunicações foi publicada, e o referido artigo será mencionado no capítulo V. Alguns conceitos e exemplos aqui trabalhados foram apresentados em outra comunicação, intitulada "Sobre o lugar da lógica na sala de aula" e proferida no II Encontro Nacional do GT da *ANPOF: Filosofar e Ensinar a Filosofar*, promovido pelo Programa de Pós-Graduação em Filosofia da Universidade Gama Filho e realizado nos dias 10 e 11 de setembro de 2009. O texto que embasou a comunicação em questão foi publicado posteriormente na RESAFE: *Revista Sul-Americana de Filosofia da Educação*, nº 13: novembro/2009 – abril/2010, p. 64-75.

Registro também, nesta apresentação, meus agradecimentos aos colegas do grupo de trabalho da Associação Nacional de Pós-Graduação em Filosofia "Filosofar e Ensinar a Filosofar" por incentivarem a exposição do material aqui apresentado e, especialmente, ao Walter Kohan, que viabilizou sua publicação. Agradeço também a duas pessoas muito importantes na minha trajetória acadêmica: Edelcio Gonçalves de Souza, que por muitos anos orientou meus estudos em Lógica, gentilmente revisou alguns capítulos e me presenteou escrevendo a "orelha" do livro (saudações alviverdes!); e Cesar Catalani, meu primeiro orientando, leitor crítico, cuidadoso e bem-humorado da versão preliminar deste texto. Por fim, agradeço a todos os alunos que, como interlocutores, participaram da construção das páginas que seguem.

Introdução

A necessidade de uma prática docente voltada para o desenvolvimento de habilidades de pensamento (ou ferramentas intelectuais) é consenso entre educadores e críticos da educação contemporânea. Por conseguinte, faz-se urgente uma educação para o pensar: o ensino-aprendizagem pautado na investigação crítica e criativa, na reflexão e fundamentação de ideias, valores e ações. Trata-se, pois, de uma educação que visa à autonomia do pensamento, formando educandos que pensem por si mesmos e desenvolvam mecanismos próprios de deliberação – tendo autonomia também no agir. Afinal, como sustenta Hannah Arendt (1995, p. 143), "homens que não pensam são como sonâmbulos"...

No processo de educação para o pensar, o fomento da capacidade argumentativa assume importante papel. Dado que a Lógica é um dos fundamentos filosóficos imprescindíveis a uma educação para a argumentação coerente, o ensino dela torna-se condição necessária (embora não suficiente).

Este livro pretende oferecer uma introdução às noções elementares de Lógica, familiarizando o leitor com seu arcabouço conceitual. Serão apresentados conteúdos lógicos considerados imprescindíveis ao estudante de graduação, os quais, entretanto, são passíveis de ser trabalhados desde os ensinos fundamental e médio. Mostrar-se-á, consequentemente, que a introdução dos conceitos lógicos em sala de aula poderá oferecer uma importante contribuição para uma educação que visa à correta argumentação.

Para tanto, faz-se necessário explicitar, primeiramente, o que é propriamente a Lógica. Por conseguinte, o primeiro capítulo deste livro consiste em uma explanação acerca do que é e do que trata essa área da Filosofia. As noções elementares da chamada Lógica não formal (aquela que independe da formalização e da simbologia típicas da matemática) constituirão os demais capítulos deste livro, assim intitulados: "Inferir e inferências"; "Sobre argumentos"; "Dedução e indução; "Incorreção lógica: as falácias não formais". Por fim, algumas considerações sobre o lugar da lógica na sala de aula configurarão o último capítulo. Compõe ainda este livro um apêndice, no qual são sugeridas estruturas argumentativas de três excertos filosóficos.

A apresentação dos conteúdos lógicos supramencionados será entremeada por exemplos extraídos de textos filosóficos, dado que foi concebida, em um primeiro momento, para estudantes de cursos de bacharelado e licenciatura em Filosofia, como explicitado na Apresentação. Todavia, excertos jornalísticos, quadrinhos e afins também serão utilizados para ilustrar os conceitos aqui introduzidos – corroborando a ideia de que é possível trabalhar tais conceitos em sala de aula a partir de um universo muito próximo dos jovens.

Destarte, se por um lado "subsiste no ensino da lógica um certo formalismo que consiste em treinar tarefas mecânicas sem que se compreenda o seu sentido ou importância para a filosofia ou para a formação geral do estudante" (MURCHO, 2003, p. 7), por outro, "este estado de coisas é intolerável e pode ser facilmente corrigido" (p. 7). Espera-se, pois, que a preocupação didática que norteou a construção deste livro de algum modo evidencie as inúmeras contribuições do ensino de conteúdos lógicos para o estudo (ainda que informal) de estruturas argumentativas – oferecendo subsídios (ainda que módicos) para a compreensão da importância da Lógica "na formação geral do estudante".

Capítulo I

O que é Lógica e do que trata

Entre os mais diversos autores dos livros introdutórios de Lógica, é consensual a afirmação sobre a dificuldade em definir o que é Lógica, dada a dificuldade em conceituar toda e qualquer área do conhecimento para um iniciante no estudo desta.[3] No entanto, não seria apropriado nem convidativo dizer que é necessário esperar o término do livro para que os leitores tenham um primeiro entendimento do que é a Lógica. Nesse sentido, este primeiro capítulo pretende oferecer – ainda que de modo superficial – algumas pistas de acesso ao universo da Lógica. Se ao término do capítulo o leitor ainda não tiver adquirido propriedade sobre o assunto, mas ao menos se sentir convidado a continuar a leitura, estará a autora ciente de que o objetivo traçado para o primeiro capítulo foi contemplado. Iniciemos, pois, com um pouco da história da origem da Lógica.

Sabe-se que anteriormente a Aristóteles (384 a 322 a.C.) já existiam observações sobre manifestações de atividades argumentativas, de articulação de raciocínio (tanto em textos filosóficos como fora deles). No entanto, atribui-se a Aristóteles

---

[3] Cf., por exemplo, Copi (1978, p. 19): "Evidentemente, para compreender o que é, de fato, lógica, uma pessoa tem que estudá-la". E também Mortari (2001, p. 1): "Apresentar a quem se inicia no estudo de alguma disciplina uma definição precisa dela é uma tarefa certamente difícil".

o título de "pai da lógica", uma vez que coube ao estagirita o papel pioneiro de sistematizar os processos argumentativos em uma disciplina específica, denominada, posteriormente, Lógica.

Há duas peculiaridades relacionadas aos escritos aristotélicos sobre o que comumente chamamos de Lógica que merecem serem notificadas: nem tais escritos foram organizados por Aristóteles nem o conteúdo nestes desenvolvido fora denominado Lógica pelo estagirita, como atestam Kneale e Kneale (1991, p. 25).

> Quando os escritos de Aristóteles foram reunidos pelos seus alunos depois da sua morte em 322 a.C., uma série dos seus tratados sobre o raciocínio foi agrupada e a coleção acabou por se chamar *Organon*, ou instrumento da ciência. A palavra "lógica" só adquiriu o seu sentido moderno 500 anos mais tarde quando foi usada por Alexandre de Afrodisias; mas o âmbito da investigação, mais tarde chamada lógica, foi determinado pelo conteúdo do *Organon*.

Dessa forma, a obra aristotélica sobre Lógica consiste em uma compilação realizada pelos discípulos de Aristóteles, reunindo tratados escritos em diferentes datas e provavelmente sem o intuito de constituírem uma obra ordenada. O título *Organon*, por sua vez, embora não seja de autoria de Aristóteles, define de forma coerente o sentido da Lógica aristotélica, a qual pretende fornecer *instrumentos* para a investigação. Preocupava-se Aristóteles em sistematizar o pensamento de tal modo a oferecer regras precisas que permitissem a extração de verdades com base na pressuposição de outras verdades. Em outras palavras, que possibilitassem fazer análise ou demonstração.

> O Estagirita denominava a lógica com o termo "analítica" (e *Analíticos* são intitulados os escritos fundamentais do *Organon*). A analítica (do grego *análysis*, que significa "resolução") explica o método pelo qual, partindo de dada conclusão, nós a resolvemos precisamente nos elementos dos quais deriva, isto é, nas premissas e nos elementos de que brota, e assim a fundamentamos e justificamos (REALE; ANTISERI, 2003, p. 227).

Nesse sentido, a Lógica foi concebida por Aristóteles como um instrumento de análise ou resolução, por meio do qual determinadas ideias eram fundamentadas (e justificadas) com base em outras. Da suposta verdade de determinados enunciados era possível, com base na lógica aristotélica, extrair a verdade de um outro enunciado. Este, uma consequência necessária daqueles.

Nota-se que a Lógica em questão permitia a obtenção de verdades necessárias com base em verdades supostas. Diz-se, assim, que a Lógica criada por Aristóteles inaugura uma característica fundamental do pensamento lógico, a saber, a prescrição de regras de raciocínio que independem do conteúdo expresso nos enunciados. Nesse sentido, um argumento pode ser considerado válido (ou perfeito do ponto de vista lógico) e, no entanto, conter sentenças falsas (do ponto de vista epistemológico, religioso, etc.). Em outras palavras, torna-se possível proferir bobagens com o aval da lógica. Não nos ateremos aqui, contudo, a esse aspecto da lógica, uma vez que ele será analisado na subseção *Sobre verdade, validade e correção*, do quarto capítulo.

Importa-nos, neste momento, ressaltar que apesar de a Lógica aristotélica introduzir a distinção entre a forma e a significação do argumento, para o Estagirita era insuficiente considerar a ciência somente do ponto de vista de sua coerência interna. Tornava-se necessário, igualmente, pensar sob o prisma da verdade dos enunciados.[4] Dessa forma, a Lógica – segundo o seu criador – era, por um lado, um instrumental indispensável ao conhecimento verdadeiro (por oferecer corretas regras de argumentação); por outro, não era garantia para o acesso às verdades, o qual dependia igualmente da observação e da experimentação.

Feitas algumas digressões a respeito dos objetivos aristotélicos ao conceber seus tratados sobre o raciocínio, voltemos à investigação do que é e do que trata a Lógica. Reiniciemos, pois, pela etimologia da palavra.

---

[4] Hoje em dia, essa dupla preocupação é o que distingue as partes sintática (referente à estrutura formal dos signos da linguagem) e semântica (referente ao significado ou à interpretação destes mesmos signos) da Lógica.

O termo "lógica" tem origem no grego *logos*, que significa tanto "pensamento", "razão", "raciocínio" quanto "linguagem", "discurso articulado". Nesse sentido, designa tanto uma atividade reflexiva quanto uma atividade discursiva. Para os gregos antigos, o pensamento podia ser efetuado apenas de forma linguística: o pensamento é a articulação de um discurso, ainda que tal discurso não seja dito em voz alta ou escrito em alguma linguagem específica.

Consequentemente, poderíamos – equivocadamente – considerar que a Lógica é o estudo tanto da linguagem quanto do pensamento. E por que tal consideração configuraria um equívoco? Não dizemos comumente que cabe à Psicologia o estudo do pensamento e das condições subjetivas que envolvem a atividade de reflexão? E a Linguística? Não poderia ser definida como o estudo da linguagem e das regras discursivas? Nesse sentido, definir a Lógica como o estudo da linguagem e do pensamento não só é impreciso como também incorreto – e nos impediria de distingui-la da Psicologia e da Linguística. Embora a Lógica trate tanto do pensamento quanto da linguagem, não o faz em sua totalidade, ou seja, não estuda tudo aquilo que o termo "pensamento" engloba, assim como não se dedica a tudo aquilo que o termo "linguagem" diz respeito.

A fim de restringir a equivocada definição anteriormente dada, faz-se necessário afirmar que a Lógica se dedica (no referente ao pensamento) aos princípios e métodos do raciocínio; igualmente, estuda (no que se refere à linguagem) os argumentos, atentando para o encadeamento entre as sentenças de determinada língua. Dessa forma, a **Lógica** tem por objeto as inferências e os argumentos. Ou nas palavras de Wesley Salmon (2002, p. 1):

> Quando as pessoas raciocinam, fazem inferências. Essas inferências podem transformar-se em argumentos, e as técnicas da Lógica podem então ser aplicadas aos argumentos resultantes. É desse modo que se avaliam as inferências a partir das quais os argumentos se originaram.
>
> A Lógica trata de argumentos e inferências. Um de seus objetivos fundamentais consiste em proporcionar métodos que permitam

distinguir entre argumentos e inferências logicamente certos e aqueles que não o são.

Salmon identifica, pois, os objetos de estudo da Lógica: as regras (ou os processos) de inferência e, igualmente, os argumentos. Trata-se, no entanto, de uma definição pouco animadora se não soubermos o que são os princípios de inferência em questão ou, ao menos, o que é uma inferência, bem como se não conhecermos o que é um argumento.

Assim, os conceitos de inferência e argumento não somente pertencem ao escopo da Lógica, como são de relevância crucial, visto constituírem o próprio objeto de estudo da disciplina. Qualquer imersão no universo da Lógica, desse modo, carece da prévia explicitação de tais noções, as quais serão cuidadosamente apresentadas nos capítulos subsequentes.

Capítulo II

Inferir e inferências

Uma vez estabelecido que *a Lógica trata de argumentos e inferências*, faz-se necessário analisarmos as noções em questão. Isso se dá não somente por uma preocupação didática; o estudo das noções de argumento e inferência é imprescindível para discernirmos o uso coloquial de tais termos da apropriação lógica dos mesmos. Iniciemos, pois, com a investigação sobre inferências.

A fim de elucidar a noção de inferência, estudaremos um enigma lógico extraído do livro *Alice no país dos enigmas* (2000), do lógico e matemático Raymond Smullyan. Nessa obra, o autor recria o universo de Lewis Carroll, envolvendo os personagens de *Alice no país das maravilhas* e *Alice através do espelho* em situações que exigem do leitor o uso do raciocínio lógico para entender o encadeamento e o desdobramento das várias histórias.

O enigma a ser aqui trabalhado é a terceira história do segundo capítulo, intitulado "Quem roubou as tortas?". As duas primeiras histórias fazem referência às tentativas frustradas da Rainha de Copas de preparar saborosas tortas, a pedido do Rei. A cada tentativa, percebia-se que algum dos ingredientes havia sido roubado. Uma terceira tentativa de fazer as tortas compõe a terceira história acima referida e cuja primeira parte aqui transcrevemos:

> TERCEIRA HISTÓRIA. – Bem, aqui está sua farinha – disse o Rei, satisfeito –, de modo que agora você pode fazer as tortas.
>
> Fazer as tortas sem pimenta? – perguntou a Rainha.

Pimenta! – exclamou o Rei, incrédulo. Quer dizer que você usa pimenta em suas tortas?

Não muita – respondeu a Rainha.

E suponho que ela tenha sido roubada!

É claro! – disse a Rainha. Encontre a pimenta e, quando descobrir quem a roubou, corte-lhe...

Vamos, vamos! – disse o Rei.

Bem, a pimenta tinha que ser encontrada, é claro. Agora, como todos vocês sabem, as pessoas que roubam pimenta nunca dizem a verdade.

O quê?! – disse Alice (não a Alice do País das Maravilhas, mas a Alice dessa festa). Nunca ouvi falar disso antes!

Não ouviu? – perguntei-lhe, com falsa surpresa.

É claro que não! E tem mais, não acredito que ninguém mais tenha ouvido! Algum de vocês ouviu falar disso antes?

Todas as crianças abanaram a cabeça negativamente.

Bem – disse eu –, para fins desta história, vamos presumir que as pessoas que roubam pimenta nunca dizem a verdade.

Está bem – disse Alice, meio relutante.

Então, continuando a história, o suspeito mais óbvio era a cozinheira da Duquesa. No julgamento, ela fez apenas uma declaração: – Eu sei quem roubou a pimenta!

Supondo que as pessoas que roubam a pimenta sempre mentem, a cozinheira é culpada ou inocente? (SMULLYAN, 2000, p. 21-22).

Diante da pergunta "a cozinheira é culpada ou inocente?", poderíamos arriscar alguns palpites ou usar a criatividade para defender uma ou outra posição.[5] Mas a intenção de inserirmos este enigma no presente capítulo é a de suscitar no leitor a necessidade de fazer inferências, raciocinando com base nas informações dadas.

---

[5] Não foram raras as ocasiões em sala de aula em que, diante do enigma aqui enunciado, alunos incriminaram o Rei (incrédulo e inconformado com o fato de a Rainha usar pimenta nas tortas), a Alice (por não ter nunca ouvido algo tão corriqueiro no reino em questão), o narrador (por ter perguntado com falsa surpresa)... e até mesmo o mordomo, o qual nem sequer figura na história. Mas, afinal, a culpa não é sempre do mordomo?

O primeiro passo, portanto, consiste em encontrar as informações importantes que são enunciadas no enigma. Tentou listá-las? Segue-se a relação dos pressupostos oferecidos no texto:

(i) no julgamento, a cozinheira declarou que sabe quem roubou a pimenta;

(ii) as pessoas que roubam pimenta sempre mentem.

Com base em tais hipóteses, o que pode ser inferido? Para a solução do enigma, faz-se necessário imaginar as duas possibilidades de resposta (no caso, a cozinheira ser culpada ou inocente) e extrair possíveis consequências destas (articuladas com as hipóteses (i) e (ii)).

Suponha que a cozinheira seja a culpada. Pela hipótese (ii), temos que ela, necessariamente, é mentirosa, e, assim, o depoimento dado (i) é falso. Logo, a cozinheira não saberia (de fato) quem roubou a pimenta. Mas seria isso possível, visto que supomos ser ela a ladra? Poderia a cozinheira ter roubado e não ter ciência disso? Como esta situação é inconcebível, então a hipótese inicial que a considera culpada deve ser descartada (por conduzir à contradição mencionada) e poderíamos inferir com segurança a inocência da cozinheira.

Cabe aqui fazermos uma pequena digressão a respeito do recurso argumentativo utilizado nesta primeira demonstração e que justifica a inocência da cozinheira. Extremamente utilizada no âmbito jurídico e nos textos filosóficos, a demonstração em questão é denominada **redução ao absurdo** (do latim *reductio ad absurdum*): a suposição do contrário do que se pretende mostrar conduz a uma contradição; consequentemente, a tese inicial é validada. Trata-se de um procedimento argumentativo que tem como base a não aceitação de contradições no discurso lógico.[6]

---

[6] Cabe aqui uma ressalva: a não admissão de contradições é característica das chamadas Lógicas clássicas (como a Lógica aristotélica). Sistemas lógicos contemporâneos admitem inconsistências na argumentação que não "estragam"

Um argumento caracterizado por informações contraditórias é um bom argumento? Também conhecida como prova indireta, a regra de redução ao absurdo (ou simplesmente RRA) pode ser definida do seguinte modo:

> RRA é a regra de introdução da negação. Para provar uma conclusão negada por RRA, colocamos como hipótese a conclusão sem o sinal da negação e daí derivamos uma "contradição". Isso mostra que a hipótese é falsa. Donde segue-se que a conclusão negada é verdadeira. [...] Suponhamos que, dadas certas suposições, podemos derivar validamente uma contradição a partir de uma hipótese. Como a derivação é válida e, contudo, chega-se a uma conclusão falsa, pelo menos uma de suas suposições deve ser falsa, pois se todas elas fossem verdadeiras, a conclusão (pela definição de validade) teria de ser verdadeira. Assim, se as suposições dadas são verdadeiras, a hipótese deve ser falsa. Isto é, a falsidade da hipótese segue validamente das suposições dadas. Isso é a base da redução ao absurdo (NOLT; ROHATYN, 1991, p. 122).

De modo menos rigoroso, tem-se que, em demonstrações por redução ao absurdo, se a suposição de algo nos conduz a conclusões indesejáveis, deve-se rever a suposição inicial, negando-a. Ou, nas palavras de Carnielli e Epstein (2009, p. 140), "reduzir ao absurdo é mostrar que pelo menos uma de várias afirmações é falsa ou duvidosa, ou que tomadas em conjunto tais afirmações são inaceitáveis, derivando dessa ou dessas afirmações uma conclusão falsa ou inaceitável". No exemplo estudado, a suposição inicial era a de que a cozinheira era a culpada; mas tal suposição conduziu à conclusão de que a cozinheira não sabia quem cometera o roubo, fato que contraria a hipótese inicial. Portanto, nega-se esta última, inocentando a cozinheira.

---

o discurso; ao contrário, são imprescindíveis para a resolução dos impasses causados pela constatação da contradição. Para um histórico sobre o nascimento dessas lógicas e algumas possibilidades de aplicação na medicina e na robótica contemporâneas, cf. KRAUSE, Décio. "A lógica paraconsistente". Disponível em <http://www.cfh.ufsc.br/~dkrause/Logical/ParaconsistenteSA.htm>. Acesso em: 27 jun. 2010.

Uma vez explicitada a argumentação por redução ao absurdo, voltemos ao enigma do roubo da pimenta. Visto que a suposição da cozinheira como culpada gerou informações contraditórias, ficou provada a tese contrária, qual seja, a inocência da suspeita. Como demonstramos que a cozinheira é inocente, não há mais a necessidade de averiguar a outra possibilidade cogitada no início da resposta, a saber, a inocência da cozinheira (agora já atestada). Mas, se mesmo assim ainda o quiséssemos, perceberíamos que da suposta inocência da cozinheira nada extrairíamos, pois não há qualquer encadeamento lógico entre esta hipótese e os pressupostos (i) e (ii) extraídos do enigma.[7]

A solução da primeira parte desse enigma, contudo, não nos permite conhecer o ladrão da pimenta. Torna-se urgente a avaliação da sua continuação.

> PORTANTO, QUEM ROUBOU A PIMENTA? Bem, os suspeitos seguintes do Rei foram a Lebre de Março, o Chapeleiro Louco e o Leirão. Os soldados foram mandados à casa deles, mas nenhuma pimenta foi encontrada. Mesmo assim, eles poderiam estar escondendo-a em algum lugar, de modo que foram detidos, com base nos princípios gerais.
>
> No julgamento, a Lebre de Março afirmou que o Chapeleiro era inocente e o Chapeleiro afirmou que o Leirão era inocente. O Leirão resmungou uma declaração qualquer enquanto dormia, mas ela não foi registrada.
>
> Como se constatou, nenhum inocente fizera uma afirmação falsa, e (como estamos lembrados) as pessoas que roubam pimenta nunca fazem afirmações verdadeiras. Além disso, a pimenta foi roubada por apenas uma criatura. Qual dos três é o culpado, se é que foi um deles? (SMULLYAN, 2000, p. 22).

---

[7] O pressuposto (ii), escrito na forma "Se uma pessoa rouba pimenta, então mente", é logicamente equivalente à sentença "Se uma pessoa não mente, então não rouba pimenta (ou seja, é inocente)"; todavia, não equivale a dizer que "Se uma pessoa é inocente, então diz a verdade". Daí que esta nova informação será acrescentada como pressuposto na segunda parte do enigma (ver a informação (iv) subsequente).

Novamente, temos de listar os pressupostos enunciados, alguns deles reincidentes da primeira parte. Eis as informações de que dispomos:

(i) a Lebre afirmou que o Chapeleiro era inocente;

(ii) o Chapeleiro afirmou que o Leirão era inocente;

(iii) quem rouba mente;

(iv) os inocentes dizem a verdade (pois "nenhum inocente fizera uma afirmação falsa");

(v) a pimenta foi roubada por uma única criatura.

O que se pode inferir das hipóteses enumeradas? Um caminho possível é eleger uma das criaturas e analisar as duas possibilidades, a saber, a criatura em questão ser culpada ou inocente. Façamos isso com a Lebre de Março, lembrando que se trata de uma opção aleatória, visto que a escolha do Chapeleiro, ou mesmo do Leirão, conduziria à mesma solução.

Suponha-se, então, que a Lebre seja culpada. Pela hipótese (iii), a Lebre é mentirosa e, portanto, mentiu no julgamento. Assim, usando o depoimento dado por ela (hipótese (i)), temos que o Chapeleiro é, na verdade, culpado. Mas sabemos pela hipótese (v) que só há um culpado e, assim, tal fato contrariaria este pressuposto. Como a lógica clássica não admite contradições (como comentamos), diante das consequências não desejáveis extraídas da suposição de que a Lebre é culpada (e do recurso argumentativo da redução ao absurdo), essa suposição deve ser abandonada. Por conseguinte, nega-se a hipótese inicial e obtém-se que a Lebre é inocente.

Da demonstração de que a Lebre é inocente decorre – por (iv) – que a Lebre diz apenas verdades e, usando a hipótese (i), temos que o Chapeleiro também é inocente. Novamente usamos o pressuposto (iv) para inferirmos que o Chapeleiro diz verdades e, portanto, a hipótese (ii) é necessariamente verdadeira, *i.e.*, o Leirão também é inocente. Neste caso, tem-se, então, que as três criaturas são inocentes.

Recuperando o percurso feito: sabíamos que a Lebre poderia ser ou culpada ou inocente e, assim, extraímos as consequências da adoção de uma dessas possibilidades. Como a hipotética culpa da Lebre se mostrou inviável, provou-se – por redução ao absurdo – a segunda hipótese: a Lebre é inocente. Da inocência da Lebre, por sua vez, extraímos a inocência das demais criaturas.

A inocência da cozinheira e, agora, das três criaturas, prorroga o suspense em torno do roubo da pimenta, esse suspense pode ter seu fim inferido das informações dadas na última parte do enigma (desde que sejam encadeadas corretamente).

> ENTÃO, QUEM ROUBOU A PIMENTA? – Ora, ora, esse é realmente um caso difícil! – disse o Rei.
>
> Os suspeitos seguintes, curiosamente, foram o Grifo, a Falsa Tartaruga e a Lagosta. No julgamento, o Grifo afirmou que a Falsa Tartaruga era inocente, e a Falsa Tartaruga disse que a Lagosta era culpada.
>
> Mais uma vez, nenhum inocente mentiu e nenhum culpado disse a verdade.
>
> Quem roubou a pimenta? (SMULLYAN, 2000, p. 23).

Seguindo o mesmo procedimento adotado para as partes iniciais do enigma, listaremos, em um primeiro momento, as informações pressupostas, a saber:

(i) o Grifo afirmou que a Falsa Tartaruga era inocente;

(ii) a Falsa Tartaruga afirmou que a Lagosta era culpada;

(iii) quem rouba mente;

(iv) os inocentes dizem a verdade;

(v) a pimenta foi roubada por uma única criatura.

O modo de raciocinar nesta terceira parte do enigma é análogo ao anterior: escolhe-se uma das criaturas e avaliam-se as duas possibilidades para tal. (No caso da primeira hipótese ser demonstrada, elimina-se a necessidade de averiguação da segunda.) Tomemos o Grifo como ponto de partida.

Suponha que o Grifo seja culpado. Usando as hipóteses (i) e (iii), temos que a Falsa Tartaruga também é culpada, o que é inviável, uma vez que a hipótese (v) impede que tenhamos dois culpados. Assim, refutamos a hipótese inicial e obtemos a inocência do Grifo.

Da suposta inocência do Grifo, por outro lado, inferimos por (i) e (iv) a inocência da Falsa Tartaruga. Por ser inocente, a Falsa Tartaruga diz verdades (fato atestado pela hipótese (iv) e, consequentemente, o depoimento (ii) dela é verdadeiro. Como afirmou ser a Lagosta culpada, temos que, de fato, a Lagosta é a culpada!

A culpa da Lagosta foi estabelecida mediante manipulação dos dados que tínhamos, ou seja, de inferências. **Inferir** é concluir, é extrair informação nova a partir de raciocínio, do encadeamento de informações disponíveis. Ou, nas palavras de Cezar Mortari (2001, p. 4):

> Basicamente, raciocinar, ou fazer inferência, consiste em "manipular" a informação disponível – aquilo que sabemos, ou supomos, ser verdadeiro; aquilo em que acreditamos – e extrair conseqüências disso, obtendo informação nova. O resultado de um processo (bem-sucedido) de inferência é que você fica sabendo (ou, ao menos, acreditando em) algo que você não sabia antes. [...] Por outro lado, é importante notar que nem sempre o ponto de partida do processo são coisas sabidas, ou em que se acredita: muitas vezes raciocinamos a partir de hipóteses. [...] É provavelmente desnecessário mencionar – mas vou fazê-lo assim mesmo – que existem outras maneiras, além de inferências, de obter informação nova. Freqüentemente, contudo, obtemos informação executando inferências, ou seja, raciocinando, e é aqui que o interesse da lógica se concentra.

Pois bem: inferir é um modo particular de extrair informação nova. E por que particular? Como salientado por Mortari, podemos obter informações novas prescindindo de inferências: extraímos informação em diversas situações cotidianas, tais como de uma conversa, da leitura de jornais, acessando a Internet, em sala de aula, dentre outras. Inferir, contudo, não é meramente ter acesso a alguma informação, mas consiste em manipular informações disponíveis (sejam estas fatos, crenças, hipóteses, teorias científicas, etc.) e extrair consequências disto, obtendo informação nova. Implica raciocínio: inferir é raciocinar e concluir algo com base em tal raciocínio.

A análise das respostas dadas às três partes do enigma trabalhado permite que identifiquemos as inúmeras inferências feitas para a obtenção da conclusão final que incriminou a Lagosta. Segue a reprodução da solução da primeira parte com a identificação referida: "Suponha-se que a cozinheira seja a culpada. Pela hipótese (ii), *temos que* ela necessariamente é mentirosa e, *assim*, o depoimento dado (i) é falso. *Logo*, a cozinheira não saberia (de fato) quem roubou a pimenta. Mas seria isso possível, visto que supomos ser ela a ladra? Poderia a cozinheira ter roubado e não ter ciência disso? Como esta situação é inconcebível, *então* a hipótese inicial que a considera culpada deve ser descartada (por conduzir à contradição mencionada) e *poderíamos inferir* com segurança a inocência da cozinheira".

Note-se que ao dizermos *temos que*, *assim*, *logo*, *então* e *poderíamos inferir*, anunciamos a inferência feita, explicitando o raciocínio. Os termos em questão precedem a conclusão obtida, indicando-a. A solução do enigma proposto, dessa forma, exigiu que encadeássemos uma série de informações oferecidas no texto original e inferíssemos partindo destas, obtendo novas informações, as quais, por sua vez, também foram encadeadas e serviram de base para outras inferências e assim sucessivamente até a inferência final: a conclusão de que a Lagosta era a culpada.

Tomemos a tira de Fernando Gonsales, veiculada no caderno Ilustrada do jornal *Folha de S. Paulo*, em 5 de outubro de 2007,[8] e a seguir reproduzida, para discutirmos mais um pouco a noção de inferência:

---

[8] GONSALES, Fernando. Níquel Náusea. *Folha de S. Paulo*, Caderno Ilustrada, Quadrinhos. São Paulo, sexta-feira, 5 out. 2007.

Crédito: Fernando Gonsales/Folhapress

As informações disponíveis que as galinhas detinham diziam respeito ao sumiço de Lilian – outra galinha – e ao aparecimento de um "cara" comendo uma coxinha de galinha. A partir desses pressupostos, as galinhas da ilustração inferiram que a Lilian dera comida como suborno, garantindo-lhe a liberdade. Já os leitores que apreciaram a tirinha, dados os mesmos pressupostos, inferiram diferentemente, chegando à conclusão de que a coxinha devorada pelo "cara" é a da própria Lilian, pobre galinha...

Foi – propositalmente – usada a palavra *conclusão* no parágrafo anterior. Dá-se o nome de **conclusão** à informação que é extraída do processo de inferência. É comum, inclusive, usarmos a palavra inferir como sinônimo de concluir: diz-se "pode-se inferir que..." no sentido de "pode-se concluir que...". Já as informações que servem de fundamento para as inferências (ou raciocínios) são denominadas **premissas**: são os pressupostos disponíveis que justificam, embasam, oferecem sustento adequado para a aceitação da conclusão.

Deve-se, contudo, salientar que as premissas possuem *caráter hipotético*, dado que não há necessariamente o comprometimento com a verdade efetiva daquilo que se está tomando como pressuposto. A inferência ou não da conclusão tem como base a *suposta* verdade das premissas: uma vez aceita(s) a(s) premissa(s), a conclusão decorre (ou é consequência) da(s) mesma(s)? – eis a pergunta propriamente do escopo da Lógica, a qual será retomada mais adiante.

Recapitulando, temos, em síntese, (i) que a Lógica estuda os métodos de inferência e (ii) que inferir consiste em concluir com base em raciocínio. Mas o que é o raciocínio? Trata-se de um processo mental, uma vez que acontece no cérebro. *Como* se dá esse processo é algo ainda em aberto para a ciência: um processo consciente ou inconsciente? Como justificar os *insights*, ou seja, as visões súbitas, iluminações repentinas, intuições? A investigação de *como* o processo de raciocínio ocorre, como visto, não é da alçada da Lógica, embora muitos a denominem "ciência do raciocínio".

Interessa à Lógica se o ponto de partida do processo de raciocínio, a saber, aquilo que sabemos ou em que acreditamos (a premissa), constitui uma razão adequada para a aceitação da conclusão obtida. Ou seja, interessa à Lógica investigar se a conclusão é uma *consequência* daquilo que sabemos ou acreditamos e se a informação disponível *justifica* adequadamente a conclusão.

Nesse sentido, por estudar os métodos de inferência, as regras que apontam quando é legítimo extrair informação nova com base em certos pressupostos, diz-se que a Lógica estuda *relações de consequência*. Ou, nas palavras de Benson Mates (1967, p. 2): "A lógica investiga a relação de *consequência* que vige entre as premissas e a conclusão de um argumento legítimo. Um argumento se diz *legítimo* (correto, válido) quando a conclusão *decorre* ou é *consequência* de suas premissas; caso contrário, será ilegítimo". Não faremos, neste momento, qualquer menção aos termos "legítimo", "correto" e "válido".[9] Para nossa finalidade, imaginaremos, por ora, que são sinônimos de "argumento bom", ficando clara assim a definição apresentada.

Por fim, igualmente comum é a consideração do *argumento* como o objeto da Lógica, como mencionado na citação de Salmon (2002, p. 1), reproduzida no primeiro capítulo e como o fazem taxativamente Nolt e Rohatyn (1991, p. 1), na abertura do primeiro capítulo do livro *Lógica*: "Lógica é o estudo de argumentos".

---

[9] As noções de validade e correção serão apresentadas na subseção "Sobre verdade, validade e correção" do capítulo IV.

Embora apresentaremos no capítulo procedente uma rigorosa (ainda que informal) definição de argumento, cabe aqui uma sucinta digressão. Usualmente, diz-se que um **argumento** é uma defesa: defende-se uma ideia com base em outra(s). Dessa forma, um argumento deve conter uma tese central e também as informações que atestam esta determinada tese. Mas o que garante que esse conjunto de ideias constitui um argumento? A caracterização de um argumento está justamente no *encadeamento* entre as ideias: a tese central é consequência das suposições aceitas.

Para usar a terminologia especificada, tem-se que um argumento é constituído de premissa(s) e conclusão, sendo a conclusão é inferida das premissas. Nolt e Rohatyn (1991, p. 1) oferecem uma definição similar: "Um *argumento* é uma seqüência de enunciados na qual um dos enunciados é a *conclusão* e os demais são *premissas*, as quais servem para provar ou, pelo menos, fornecer alguma evidência para a conclusão".

Assim, se a inferência é o processo de raciocínio por meio do qual de determinadas hipóteses torna-se possível extrair uma informação nova, trata-se de um processo mental. O argumento, por sua vez, é a expressão da inferência, uma vez que enuncia as hipóteses tomadas como base (premissas) e encadeia-as com a informação nova dali extraída (conclusão).

Como exemplo, consideremos (hipoteticamente) que todos os cachorros são mortais e que Mequetrefe é um cachorro. O que podemos inferir? O encadeamento das informações que temos nos conduz à aceitação de que Mequetrefe é mortal. Assim, o fato de Mequetrefe ser mortal (conclusão) é consequência da aceitação de que Mequetrefe é um cachorro e que todos os cachorros são mortais (premissas). Ademais, a tese central "Mequetrefe é mortal" não constitui, sozinha, um argumento. Denominamos argumento o conjunto encadeado de todas as sentenças acima mencionadas: "Todos os cachorros são mortais, Mequetrefe é um cachorro, portanto, Mequetrefe é mortal", ficando explícito no termo "portanto" a inferência subjacente ao argumento.

Ainda sobre os paralelismos entre argumentos e inferências (e, por conseguinte, sobre a possibilidade de uma inferência se transformar em um argumento), a explicação de Salmon (2002, p. 5) nos parece concomitantemente rigorosa e didática:

> Tanto os argumentos quanto as inferências abrangem provas (evidências) e conclusões que se encontram em relação mútua. A principal diferença reside no fato de que um argumento é uma entidade lingüística, um grupo de enunciados; uma inferência não o é. [...]
>
> Realizar uma inferência é uma atividade psicológica; consiste em aduzir uma conclusão a partir de provas, em chegar a certas crenças e opiniões com base em outras. [...]
>
> Para avaliar uma inferência, devemos considerar a relação entre uma conclusão e a evidência da qual a conclusão é extraída. Assim como a conclusão deve ser formulada, também a evidência deve sê-lo. Quando a evidência é explicitada, temos as *premissas de um argumento*; quando a conclusão é enunciada, converte-se na *conclusão desse argumento*. O enunciado da inferência é, portanto, um argumento, e este pode ser submetido à análise lógica [...]. Na análise lógica de uma inferência não nos importa saber como a pessoa que a formulou chegou àquela conclusão. Interessa-nos apenas saber se a conclusão é sustentada pela evidência que lhe serviu de base. Para responder a essa questão, a inferência deve ser enunciada; se for enunciada, converte-se num argumento.

Dessa forma, a Lógica não procura mostrar como a inferência foi descoberta, mas como pode ser justificada. A natureza psicológica da inferência não importa à Lógica, mas sim a possibilidade de avaliação dessa mesma inferência de acordo com padrões preestabelecidos. Para tanto, faz-se necessário explicitar "a evidência da qual a conclusão é extraída", ou seja, enunciar as premissas do argumento (como já trabalhado). Precisa-se, igualmente, expressar a própria conclusão obtida do processo de inferência. A enunciação do encadeamento das premissas e da conclusão compreende o argumento, o qual (ao contrário da inferência) pode ser avaliado do ponto de vista lógico.

A avaliação lógica incide sobre o embasamento (ou não) da conclusão nas premissas tomadas hipoteticamente como verdadeiras. Logo, depende de a inferência ser pronunciada por pessoas e, como ressalta Salmon (2002), ainda que "para si mesmas". Consequentemente, embora comumente digamos que a Lógica estuda inferências, deve-se notificar que a avaliação lógica é realizada sobre argumentos, os quais exprimem o processo (mental) de inferência. Deve-se, assim, dizer que a Lógica estuda *as regras* de inferência, as quais atestam quando uma proposição decorre ou é consequência de outra(s).

Em *Inferir e inferências*, as noções de premissa, conclusão e argumento, inevitavelmente, foram também estudadas. Uma abordagem menos introdutória (mas propositalmente informal) de tais noções será realizada no próximo capítulo, dada a importância dos conceitos em questão no escopo da Lógica e da Argumentação.

Capítulo III

Sobre argumentos

Em diversas situações cotidianas nos vemos diante da necessidade de justificar, de oferecer razões, de explicar qual a sustentação de nossas afirmações. Seja para convencer alguém de algo, seja para termos certeza em relação às nossas próprias ações, frequentemente temos de buscar entender e/ou explicar o porquê de algumas conclusões. Há, ainda, casos em que uma afirmação somente é considerada verdadeira se for muito bem justificada, como nos cenários científico e jurídico. Em todas essas situações, faz-se necessário argumentar.

Premissas e conclusões

A fim de discutir a noção de argumento, faremos nova menção à solução dada para o roubo da pimenta, desta vez, sem os pormenores da versão anterior. Segue a justificativa em questão, oferecida pelo próprio autor do enigma:

> TERCEIRA HISTÓRIA. Se a cozinheira da Duquesa havia roubado a pimenta, é claro que sabia disso, portanto, teria dito a verdade ao afirmar que sabia quem havia roubado a pimenta. Mas somos informados de que as pessoas que roubam pimenta nunca dizem a verdade. Portanto, a [cozinheira da] Duquesa deve ser inocente.
>
> LOGO, QUEM ROUBOU A PIMENTA? Se a Lebre de Março roubou a pimenta, ela mentiu (porque as pessoas que roubam

pimenta sempre mentem), de modo que sua afirmação sobre o Chapeleiro seria falsa, o que significaria que o Chapeleiro também roubou a pimenta. Mas dizem-nos que não mais de uma criatura roubou a pimenta. Assim, a Lebre de Março não poderia tê-la roubado. Como a Lebre de Março é inocente, ela disse a verdade – donde o que disse sobre o Chapeleiro era verdade, de modo que o Chapeleiro também é inocente. Assim, o Chapeleiro também disse a verdade, o que significa que o Leirão é igualmente inocente. Por conseguinte, nenhum dos três suspeitos roubou a pimenta.

ENTÃO, QUEM FOI QUE ROUBOU A PIMENTA? Suponhamos que o Grifo fosse culpado. Nesse caso, ele terá mentido, o que significa que a Falsa Tartaruga não é inocente (como disse o Grifo), e sim culpada, o que nos levaria a ter dois culpados, coisa que não temos (como foi mencionado no último problema). Portanto, o Grifo é inocente. Sendo assim, sua afirmação é verdadeira, donde a Falsa Tartaruga é inocente. Logo, a afirmação da Falsa Tartaruga é verdadeira, de modo que a culpada é a Lagosta (SMULLYAN, 2000, p. 149).

Note-se que a justificativa acima é uma enumeração de razões que nos conduzem a aceitar que a Lagosta é a culpada, uma vez que tal conclusão decorre dos pressupostos apresentados. Tomemos para estudo, primeiramente, a parte inicial do texto acima reproduzido, a saber, o trecho que inocenta a cozinheira da Duquesa.

Pergunta-se: a justificativa em questão constitui um argumento? Para que a resposta seja afirmativa, deveremos encontrar no trecho sob análise uma conclusão ou tese defendida. E qual seria esta? Se olharmos o excerto na sua totalidade, a conclusão a que chegamos é a de que a cozinheira da Duquesa é inocente, evidenciada pelo "portanto" que a antecede. (Se nos lembrarmos das aulas de língua portuguesa, saberemos que "portanto" é uma conjunção coordenativa *conclusiva*.) E quais seriam as premissas? Neste caso, todas as informações anteriores, as quais podem ser reescritas da seguinte forma:

Premissa 1:   Se a cozinheira da Duquesa roubou a pimenta, então ela sabia disso.

Premissa 2:	A cozinheira disse a verdade no julgamento ao afirmar que sabe quem roubou a pimenta.
Premissa 3:	Sabe-se que aquele que rouba pimenta nunca diz a verdade.

Listadas as premissas, observamos que estas pretendem garantir ou evidenciar a conclusão que defende a inocência da cozinheira da Duquesa. Tais premissas estão inter-relacionadas e com base no encadeamento entre elas é possível inferir a conclusão mencionada. Em outras palavras, as premissas oferecem razões suficientes para aceitarmos a inocência da cozinheira (a conclusão em questão). Eis porque estamos sim diante de um argumento.

Poderíamos, em um segundo momento, perguntar se pode este mesmo argumento conter outros argumentos, dado que é composto de mais de uma inferência. De fato, poderíamos isolar a primeira sentença que o constitui, a saber: "Se a cozinheira da Duquesa havia roubado a pimenta, é claro que sabia disso, portanto, teria dito a verdade ao afirmar que sabia quem havia roubado a pimenta". Encontraríamos agora outra conclusão, a saber: a de que a cozinheira disse a verdade no julgamento. Mas com base em que poderíamos inferir uma tal tese? A informação que dá sustento para isso é a que afirma que se a cozinheira roubou, então ela sabe quem cometeu o roubo. Logo, teríamos um argumento com a seguinte estrutura:

Premissa 1:	Se a cozinheira da Duquesa roubou a pimenta, então ela sabe disso.
Conclusão:	A cozinheira disse a verdade no julgamento ao afirmar que sabe quem roubou a pimenta.

Note-se que agora estamos diante de um argumento composto de uma única premissa, além da conclusão. E tal argumento é parte do argumento maior, acima analisado (o qual compreende a solução geral para o enigma).

Costuma-se denominar **argumentos complexos** aqueles que são constituídos por etapas (tal qual o estudado). Ou como definem Nolt e Rohatyn (1991, p. 4-5):

> Alguns argumentos se originam por etapas. Uma conclusão é inferida de um conjunto de premissas; então, essa conclusão (talvez em conjunção com alguns outros enunciados) é usada como uma premissa para inferir uma conclusão adicional, a qual, por sua vez, pode funcionar como uma premissa para uma outra conclusão, e assim por diante. Uma tal estrutura chama-se *argumento complexo*. As premissas que servem como conclusões de premissas anteriores chamam-se *premissas não-básicas* ou *conclusões intermediárias* (os dois nomes refletem o papel dual como conclusões de uma etapa e premissas do próximo). As premissas que não são conclusões de premissas prévias chamam-se *premissas básicas* ou *suposições*.

No argumento complexo analisado, a premissa 1 "se a cozinheira da Duquesa roubou a pimenta, então ela sabia disso" é dita básica, assim como o é a premissa 3 "sabe-se que aquele que rouba pimenta nunca diz a verdade", por não serem conclusões de suposições anteriores. Já a premissa 2, "a cozinheira disse a verdade no julgamento ao afirmar que sabe quem roubou a pimenta", é considerada não básica ou conclusão intermediária, pois decorre da premissa 1 (como conclusão intermediária) e, igualmente, funciona como premissa que fundamenta a conclusão final (que atesta a inocência da cozinheira). Ademais, deve-se acrescentar que argumentos contidos em outro(s) são denominados **subargumentos**. Nesse sentido, um argumento complexo necessariamente, contém – ao menos – um subargumento.

> Na prática, os argumentos costumam ser macroestruturas formadas por argumentos menores, ou subargumentos. Muitas vezes, a melhor forma de começar a deslindar uma rede complexa de argumentação é identificar e formular com clareza um ou mais desses argumentos (WALTON, 2006, p. 151).

A observação precedente nos oferece uma importante característica das sentenças que compõem argumentos, a saber, que a condição de "ser premissa" ou "ser conclusão" não é intrínseca à sentença. Em outras palavras, uma sentença assume a condição de premissa ou conclusão dependendo do papel que possui no argumento. Se a função no argumento for a de dar sustentação, oferecendo subsídios para a aceitação da tese central, a sentença torna-se premissa; se, contrariamente, a função da sentença for a de representar exatamente a ideia defendida, compreendendo, portanto, a própria tese central, então a sentença é a conclusão no argumento em questão.

Outra importante observação acerca de argumentos é a seguinte: a conclusão nem sempre é a última sentença enunciada. Explicamos: o argumento que oferece a resposta ao primeiro enigma trabalhado poderia ser assim reescrito: "A cozinheira da Duquesa é inocente. Isso porque se a cozinheira da Duquesa roubou a pimenta, então ela sabia disso; e, assim, a cozinheira disse a verdade no julgamento ao afirmar que sabia quem roubara a pimenta, o que contraria o fato de que quem rouba pimenta nunca diz a verdade".

Nessa nova forma de escrever o ainda mesmo argumento, a conclusão é a primeira sentença que o compõe. E as premissas são antecedidas por um indicativo próprio (de premissas): a expressão "isto porque". Fica claro que há palavras específicas para designar premissas e conclusões. Palavras que quando bem empregadas deixam o argumento evidente, demarcando precisamente a tese central e distinguindo-a das respectivas justificativas. O uso adequado dos indicadores de premissas e conclusões é, pois, crucial para a boa argumentação.

Dentre os indicadores de premissas, encontramos os seguintes: desde que, como, porque, pois (como sinônimo de porque), assumindo que, visto que, admitindo que, como consequência de, como mostrado, pelo fato que, dado que, sabendo-se que, supondo-se que, a razão é que, isto é verdade porque, etc. Trata-se das chamadas **conjunções coordenativas explicativas**, cuja função é justamente a de unir duas sentenças, das quais uma é a explicação ou justificação da outra. As conjunções em questão precedem a sentença explicativa.

Os indicadores de conclusão são geralmente **conjunções coordenativas conclusivas**, as quais unem duas sentenças, das quais uma é a conclusão ou consequência da outra. Os indicadores de conclusão precedem a sentença conclusiva.[10] Dentre eles, temos: portanto, assim, assim sendo, daí, logo, segue-se que, por conseguinte, consequentemente, o qual implica, dessa maneira, o qual acarreta, neste caso, o qual prova que, o qual significa que, de modo que, da qual inferimos que, resulta que, podemos deduzir que, então, pois,[11] etc.

A título de ilustração, vejamos o seguinte fragmento (1097b 15-20) do capítulo 7 do livro I da *Ética a Nicômaco*, de Aristóteles[12]:

> [...] por hora definimos a auto-suficiência como sendo aquilo que, em si mesmo, torna a vida desejável e carente de nada. E como tal entendemos a felicidade, considerando-a, além disso, a mais desejável de todas as coisas, sem contá-la como um bem entre outros. [...] A felicidade é, portanto, algo absoluto e auto-suficiente.

---

[10] A fim de compreender melhor a função dos indicadores de premissas e conclusões, o leitor poderá recorrer às gramáticas da Língua Portuguesa. Celso Cunha e Luis F. Lindley Cintra, por exemplo, afirmam na *Nova Gramática do português contemporâneo* (1985, p. 565): "Conjunções são vocábulos gramaticais que servem para relacionar duas orações ou dois termos semelhantes da mesma oração. As conjunções que relacionam termos ou orações de idêntica função gramatical têm o nome de COORDENATIVAS". Por conseguinte, as conjunções coordenativas conclusivas "servem para ligar à anterior uma oração que exprime conclusão, conseqüência, [enquanto as explicativas] ligam duas orações, a segunda das quais justifica a idéia contida na primeira" (CUNHA; CINTRA, 1985, p. 567).

[11] Um leitor atento perceberá que o termo "pois" foi usado tanto como exemplo de indicador de premissa quanto de conclusão. Isso ocorre porque a conjunção "pois" é tanto explicativa (quando antecede o verbo) quanto conclusiva (quando aparece após o verbo ou entre vírgulas). Assim, na sentença "o time sagrou-se campeão, pois jogou como nunca antes visto", entende-se a conjunção "pois" como explicativa; em "o time jogou como nunca antes visto, sagrou-se campeão, pois", tem-se o uso conclusivo do termo "pois".

[12] ARISTÓTELES. *Ética a Nicômaco*. Tradução de Leonel Vallandro e Gerd Bornheim. São Paulo: Abril Cultural, 1973, p. 255. (Os Pensadores)

O termo "portanto" na última sentença indica a conclusão, a saber, que a felicidade é algo absoluto e autossuficientes. As demais sentenças, por vez, compõem as premissas e poderíamos reescrever (de modo enxuto) o argumento em questão da seguinte forma:

Premissa 1:	A autossuficiência é aquilo que, em si mesmo, torna a vida desejável.
Premissa 2:	A felicidade é a mais desejável de todas as coisas.
Conclusão:	A felicidade é algo autossuficiente.

O fragmento aristotélico, por conter o termo "portanto" na acepção gramatical da palavra (como conjunção coordenativa conclusiva), indica claramente a conclusão. Uma das dificuldades nesta fase preliminar de identificação de um texto como argumentativo é a possível ausência dos indicadores supracitados. Muitos textos prescindem de termos como "portanto", "logo", etc. e, no entanto, são argumentativos. Nestes casos, deve-se redobrar a atenção em relação à estrutura do argumento: quais ideias dão suporte às demais? Podem ser encontradas premissas e uma conclusão? Vejamos, por exemplo, o artigo de Paulo Cobos[13]:

> A seleção brasileira abriu ontem sua preparação final para uma missão que seu treinador considera até mais difícil do que uma Copa do Mundo. Mas a realidade é bem diferente da imaginada por Dunga.
> O Brasil só é rei hoje, da base até o time adulto, na América do Sul [...]. Contra os vizinhos sul-americanos, a seleção jogou oito vezes, venceu sete e empatou uma. O aproveitamento é de 92%, a média de gols pró fica em três por partida, e a defesa foi vazada só 0,57 vez por jogo. Diante de times de outras regiões, esses números são, respectivamente, 64%, 1,45 e 0,91.

---

[13] COBOS, Paulo. Brasil de Dunga domina os vizinhos. *Folha de S. Paulo*, Caderno de Esportes. São Paulo, quarta-feira, 10 out. 2007.

Porém, a supremacia continental não é exclusividade de Dunga. O Brasil é bicampeão da Copa América, mas fracassou no Mundial. Em 2007, ganhou os Sul-Americanos sub-17 e sub-20, mas fez campanha vergonhosa nos Mundiais dessas categorias – caiu nas oitavas-de-final na primeira e nem passou da fase inicial na segunda.

Um **texto argumentativo** é aquele que comporta ao menos um argumento, sendo possível a identificação tanto da tese central defendida (conclusão), fruto da inferência, como também das informações que embasam tal tese (premissas).

No texto supracitado, qual é a ideia central defendida pelo autor? A de que o Brasil na era Dunga (e também em anos recentes) é "rei" hoje (da base até o time adulto) somente na América do Sul. Essa é, consequentemente, a candidata à conclusão.

Mas a existência de uma conclusão pressupõe a identificação dos pressupostos que a embasam, a saber, as premissas. No exemplo dado, em que se sustenta a ideia da supremacia brasileira na América do Sul? No histórico da seleção nos últimos jogos e torneios disputados. O aproveitamento da seleção jogando contra os vizinhos sul-americanos é de 92% e de 64% nos confrontos com times de outras regiões; a média de gols pró é de 3 por partida, caindo para 1,45 em cada partida "fora" da América do Sul; a defesa foi vazada 0,57 vez por jogo contra sul-americanos e 0,91 vez em outros confrontos. Por fim, dos torneios disputados, o Brasil ganhou as duas últimas Copas Américas, o Sul-Americano sub-17 e também o Sul-Americano sub-20. E perdeu os torneios realizados contra times de outras regiões, tais como os Mundiais nas três categorias (sub-17, sub-20 e adulto).

Poderíamos, então, reescrever o argumento do seguinte modo:

Premissa 1:	O aproveitamento da seleção jogando contra os vizinhos sul-americanos é de 92% e de 64% nos confrontos com times de outras regiões.
Premissa 2:	A média de gols pró é de 3 por partida, caindo para 1,45 em cada partida "fora" da América do Sul.

Premissa 3:	A defesa foi vazada 0,57 vez por jogo contra sul-americanos e 0,91 vez em outros confrontos.
Premissa 4:	O Brasil ganhou os últimos torneiros envolvendo países sul-americanos e perdeu aqueles envolvendo países de outras regiões.
Conclusão:	O Brasil só é rei hoje, da base até o time adulto, na América do Sul.

Já em um outro artigo, Paulo Cobos[14] descreve a preparação da seleção sem a presença do atacante Robinho:

> Três dias em Teresópolis e nada de Robinho treinar com o resto dos companheiros – ontem novamente ele correu em um campo enquanto outro abrigava um coletivo. [...] Dunga começou o treino novamente com Elano na vaga de Robinho. Depois, optou por Júlio Baptista, assim como Afonso no lugar de Vagner Love – Júlio César foi mantido no gol.

Neste trecho, não há inferências explícitas ou implícitas. O jornalista apenas discorre sobre os fatos presenciados em Teresópolis, local onde a seleção treinou para o primeiro jogo das eliminatórias para a Copa de 2010. Não há uma ideia central fundamentada no encadeamento de outras informações. Portanto, não há argumento algum. Trata-se, pois, de um exemplo de **texto não argumentativo**. Inúmeros outros exemplos desse tipo de texto são encontrados em jornais, revistas e demais veículos midiáticos. Trata-se de textos ou discursos nos quais não há a preocupação de embasar uma ideia em outras, mas apenas de descrever ou narrar algo. A fim de reiterar a explicação, finalizando as exemplificações desta seção, segue-se um trecho do artigo "Osso duro de roer",[15] sobre o filme brasileiro *Tropa de Elite*, de José Padilha.

---

[14] COBOS, Paulo. *Folha de S. Paulo*, Caderno de Esportes. São Paulo, quarta-feira, 12 out. 2007.

[15] TEIXEIRA, Jerônimo. Osso duro de roer. *VEJA*, São Paulo, ano 40, n. 40, p. 134-137, 10 out. 2007. Edição 2029.

> A história de *Tropa de Elite* se centra no esforço do capitão Nascimento para deixar o Bope [Batalhão de Operações Especiais da Polícia Militar do Rio de Janeiro]. Ele está para ganhar um filho e não quer mais participar de ações arriscadas. Precisa encontrar alguém que o substitua na tropa. Os melhores candidatos são os novatos Neto (Caio Junqueira) e André Matias (André Ramiro, ex-bilheteiro de cinema que também é novato na carreira de ator). O Bope aparece para os dois como uma ilha de honestidade no meio da podridão da PM convencional. Cada um dos dois aspirantes tem seus méritos e limitações. Neto gosta da dureza militar, mas é impetuoso demais, a ponto de às vezes colocar os companheiros em risco desnecessário. Matias é um homem dividido. Cursa direito em uma faculdade privada e esconde dos colegas que é policial.

Como se pode observar, descreve-se parte da sinopse do filme sem a preocupação de defender uma ideia central mediante o encadeamento de pressupostos, como ocorre em um texto argumentativo.

Ao término deste capítulo, o leitor encontrará um exercício de identificação de premissa(s) e conclusão em excertos filosóficos, seguido de uma proposta de solução. Por ora, pois, podemos voltar à discussão do conceito de argumento.

A partir das considerações precedentes, espera-se que tenha se tornado possível o entendimento da definição oferecida por Mortari em seu livro *Introdução à lógica* (2001, p. 9):

> Um argumento pode ser definido como um conjunto (não-vazio e finito) de sentenças, das quais uma é chamada de conclusão, as outras de premissas, e pretende-se que as premissas justifiquem, garantam ou dêem evidência para a conclusão.

Discutiram-se anteriormente as noções de premissa e conclusão, bem como o encadeamento entre estas como exigência para a constituição de um argumento. As considerações sobre o caráter não vazio e finito do conjunto de sentenças denominado argumento serão realizadas posteriormente.[16]

---

[16] Cf. seção "Observações sobre argumentos".

Por ora, interessa-nos averiguar o significado da afirmação de que um argumento é constituído de sentenças, por parecer-nos um tanto quanto vaga. Faz-se necessário, assim, precisar, primeiramente, o que é sentença e, em um segundo momento, quais tipos de sentenças podem constituir argumentos.

Sentenças declarativas e proposições

A fim de delimitar o que é sentença no âmbito da Lógica, tomemos como ponto de partida a explanação de Mates (1967, p. 4):

> Uma sentença é definida tradicionalmente pelos gramáticos como expressão lingüística enunciadora de um pensamento completo. Apesar de suas deficiências, essa definição é adequada a nossos atuais propósitos de dar ao estudante uma idéia intuitiva do objeto da lógica.

Com base na definição precedente, examinemos as seguintes sequências de palavras do português:

(1) O livro está sobre a mesa;

(2) Os livro tá sobre a mesa;

(3) Sobre livro os ta mesa a.

Qual(s) a(s) diferença(s) entre as sequências acima enunciadas? São "expressões linguísticas enunciadoras de um pensamento completo"? Diríamos que as duas primeiras sequências sim, mas o mesmo não se aplica à terceira.

Faz-se necessário delinear com maior precisão o que entendemos por sentença. Para tanto, novamente recorreremos à explicação de Mortari (2001, p. 11):

> O que determina quais seqüências de palavras de uma língua constituem sentenças dessa língua é a sua gramática. Uma gramática, a propósito, nada mais é do que um conjunto de regras que dizem de que forma se podem combinar palavras. (Essas regras, claro, podem mudar – e mudam – com o tempo, mas isso é uma outra história.)

Nesse sentido, uma **sentença** é uma sequência de palavras de uma língua de acordo com determinada gramática. Uma **gramática**, por sua vez, é um conjunto de regras que dizem de que forma se podem combinar palavras. Não se deve esquecer, todavia, de que os conjuntos de elementos linguísticos a que chamamos de sentenças são estruturados com o propósito de comunicar algo e, desse modo, enunciam conteúdos.

Há, ainda, sequências de palavras de determinada língua que seguem de modo não integral a gramática, mas ainda assim enunciam um pensamento completo. Tais sequências são consideradas sentenças, mas deve-se especificar que desrespeitam a norma culta.

Realizadas essas novas observações, podemos afirmar sobre as sequências sob análise:

(i) a sequência (1) constitui uma sentença e, além disso, obedece à norma culta da língua portuguesa;

(ii) a sequência (2), embora não obedeça à norma culta do português, é uma sentença (ainda que expressa de acordo com algumas variantes da língua portuguesa);

(iii) já a sequência (3) nem é uma sentença, nem obedece às normas da língua portuguesa.

Dessa forma, a primeira sequência é a única das três que constitui uma sentença da norma culta do português. A segunda, embora contrarie parte das regras da gramática da língua portuguesa (como a concordância nominal), expressa algum significado e, portanto, é considerada como sentença. A terceira e última sequência, por sua vez, ao desobedecer integralmente às normas gramaticais, impede que lhe extraiamos qualquer significado (ou pensamento completo); logo, não é uma sentença.

Uma vez explicitado o que é uma sentença, examinemos agora esta nova sequência de palavras da língua portuguesa:

(1) Quando isso ocorreu?

(2) Desça já daí!

(3) Ai, que dor!

(4) Senhor, fazei de mim instrumento de Vossa paz!

(5) O livro está sobre a mesa.

(6) O dia não está ensolarado hoje.

O que podemos afirmar sobre elas? O que têm em comum? No que diferem?

Em primeiro lugar, temos que todas as seis sequências em questão são sentenças. Isto porque obedecem à norma culta da língua em que estão escritas e, ao fazê-lo, expressam significados. Mas o que têm de dessemelhança? Sobre as características particulares, podemos afirmar, respectivamente, que:

(i) A sentença (1) é uma pergunta, ou seja, uma **sentença interrogativa**;

(ii) A sentença (2) é uma ordem ou uma **sentença imperativa**;

(iii) A sentença (3) é uma exclamação, *i.e.*, uma **sentença exclamativa**;

(iv) A sentença (4) é uma prece, uma **oração**;

(v) A sentença (5) é uma afirmação ou uma **sentença afirmativa**;

(vi) A sentença (6), por fim, é uma negação ou uma **sentença negativa**.

Se quiséssemos dividir as sentenças interrogativas, imperativas, exclamativas, afirmativas, negativas e as orações em dois grupos, como faríamos? Qual o critério a ser adotado? Uma das possibilidades vislumbrada é a de agrupar de um lado as perguntas, ordens (e pedidos), exclamações e orações, e, de outro, as afirmações e negações. Sob qual alegação? As sentenças que compõem o primeiro grupo podem ser interessantes ou não, inoportunas ou não, estranhas ou não, dentre tantos adjetivos possíveis. No entanto, as sentenças mencionadas não podem ser consideradas *verdadeiras* ou *falsas*, ao contrário das afirmações e negações.

Examinemos alguns casos para exemplificação. A sentença "Quantos anos você tem?" é interrogativa. Diríamos que essa sentença é verdadeira ou falsa? Note-se que não faz sentido um tal questionamento, visto que a interrogação propriamente dita não pode ser nem verdadeira nem falsa. Verdadeira ou falsa pode ser a resposta à interrogação. Esta sim – a resposta – poderá ser valorada.

Tomemos outra sentença, desta vez uma sentença imperativa: "Não mexa aí, menino!". Novamente, não conseguiríamos atribuir valoração de verdade ou falsidade à sentença em questão. E o mesmo se aplica às exclamações, como: "Que tédio!" ou "Socorro!". E a prece "Deus todo poderoso, livrai-nos de todo o mal", é verdadeira ou falsa? Nem uma coisa, nem outra. Não podemos determinar-lhe o valor de verdade, assim como não pudemos fazer com as demais sentenças supracitadas. Fica a pergunta: o que é um valor de verdade?

Iniciemos a explicação comentando o que é valor. Para tanto, vejamos o que nos dizem Lorieri e Rios (2008, p. 26):

> Como entender o fato de os seres humanos darem mais ou menos importância a certas coisas, a determinadas atitudes, a alguns aspectos da vida? Isso indica que há aspectos, coisas, objetos, atitudes, lugares, etc. que são preferidos e outros não. Há relações de "não-indiferença" que se estabelecem entre os seres humanos e tantas coisas, fatos, situações, atitudes etc. Esse é o campo dos valores [...].

Assim, tem-se que **valor** é uma relação de "não indiferença" que os seres humanos estabelecem com coisas, objetos, lugares, etc. Ao valorarmos um comportamento, um objeto ou um lugar, admitimos alguma preferência, dando importância a tais comportamentos, objetos e afins. E essa relação de preferência, importância ou não indiferença pode ser de diferentes tipos; há valores de uso, valores afetivos, valores estéticos, valores morais... e valores de verdade. Concentremo-nos, pois, neste último, objeto que originou esta pequena digressão.

Se valor é toda relação de não indiferença que se estabelece entre os seres humanos e comportamentos, lugares, fatos, objetos, situações e atitudes, **valor de verdade** é a relação de não indiferença que se estabelece com a noção de verdade. Considerando o princípio de bivalência, segundo o qual se supõe "que verdadeiro e falso são os únicos valores-verdade e que em toda a situação possível cada enunciado assume um deles" (NOLT, ROHATYN, 1991, p. 161), temos que uma sentença possui valor de verdade se e somente se ela pode ser considerada verdadeira ou falsa.

Em síntese, temos que sentenças interrogativas, exclamativas, imperativas e orações não possuem valor de verdade, uma vez que não podem ser consideradas nem verdadeiras nem falsas. Mas e as sentenças afirmativas e negativas, possuem valor de verdade? E por que isso seria necessário para a composição de argumentos?

Em um argumento pretendemos afirmar a conclusão com base nas premissas. Para isso, é necessário que tanto as premissas quanto a conclusão exprimam ideias que possam ser afirmadas ou negadas, ou seja, premissas e conclusões são sentenças passíveis de ser verdadeiras ou falsas. Portanto, as sentenças (1) a (4) analisadas não são (normalmente) admitidas em argumentos, ao contrário das sentenças (5) e (6). Interessa a estes apenas o que chamamos de **sentenças declarativas**: sentenças que declaram algo (verdadeiro ou falso) sobre o mundo. Sentenças afirmativas e negativas são, ambas, declarativas. À medida que declaram algo que de fato ocorre, são verdadeiras; contrariamente, se declaram algo sobre o mundo que não ocorre, são falsas.[17]

---

[17] As noções de verdade e falsidade aqui consideradas são paráfrases usuais e intuitivas das noções definidas por Aristóteles (2005, IV, 7, 1011 b 25ss., p. 179): "Isso é evidente pela própria definição do verdadeiro e do falso: falso é dizer que o ser não é ou que o não-ser é; verdadeiro é dizer que o ser é e que o

As sentenças declarativas, portanto, possuem valor de verdade e, consequentemente, são as sentenças que constituem os argumentos. Ou nas palavras de Salmon (2002, p. 20):

> A maioria das sentenças declarativas – sentenças cuja principal função é transmitir informação de alguma espécie – ou são verdadeiras ou falsas, embora em muitos casos ignoremos qual das duas. Esses são o gênero de sentenças que temos em mente quando falamos de enunciados [que compõem argumentos]. Verdade e falsidade são conhecidas como *valores de verdade* de enunciados; cada enunciado tem um e somente um desses valores. Na análise de argumentos [...] estamos obviamente interessados nos tipos de sentenças que são capazes de assumir valores de verdade, porquanto caracterizamos a validade dedutiva[18] em termos de valores de verdade – ou seja, a conclusão deve ser verdadeira se as premissas são verdadeiras.

Desse modo, à definição previamente dada deve ser acrescida a observação acima: um argumento é um conjunto finito e não vazio de *sentenças declarativas*, das quais uma é dita conclusão e as demais, premissas. Ademais, espera-se que o encadeamento das premissas ateste a necessidade da conclusão.

Comumente em Lógica – e na Filosofia em geral –, distinguem-se sentença e proposição[19]: sentenças são "expressões lingüísticas enunciadoras de um pensamento completo" (MATES, 1967, p. 4); **proposições** são "significados ou idéias expressáveis

---

não-ser não é". Deve-se ressaltar, contudo, a existência de inúmeras teorias da verdade, ou seja, explicações sistemáticas para a noção de verdade. Dentre tais teorias podem-se destacar as correspondentistas, as coerentistas e as pragmatistas. Para uma literatura do assunto, cf. Haack (2002).

[18] A noção de validade dedutiva será trabalhada posteriormente. Por ora, é suficiente informarmos que a validade do argumento dedutivo depende do encadeamento mencionado por Salmon (2002): da suposta verdade das premissas decorre a verdade da conclusão. Daí a necessidade do argumento ser composto por sentenças que podem ser verdadeiras ou falsas (ou seja, sentenças declarativas).

[19] Diferencia-se, igualmente, sentença e proposição de enunciado. Alguns autores consideram enunciado como sinônimo de proposição. Outros não. Para esta distinção, cf. Mortari (2001, p. 14).

por sentenças declarativas" (NOLT; ROHATYN, 1991, p. 2). Exemplificando: "O professor desligou o ventilador" e "O ventilador foi desligado pelo professor" são sentenças declarativas diferentes, pois compostas por palavras diferentes e em número desigual: a primeira começa com "O professor", a segunda com "O ventilador"; a primeira é composta por cinco palavras, a segunda, por seis. No entanto, ambas expressam a mesma ideia, possuem o mesmo significado, logo, expressam a mesma proposição.

A diferenciação entre sentenças declarativas e proposições é crucial, por exemplo, no tratamento de sentenças ambíguas. Dado que tais sentenças podem expressar dois ou mais significados, faz-se necessário especificar a sentença declarativa (a sequência de palavras) e as proposições expressas por tal sentença. O mesmo ocorre com sentenças que adquirem diferentes significados de acordo com o contexto. A sentença "o atual campeão mundial de futebol é um time excepcional", por exemplo, se proferida após as copas de 1958, 1962, 1970, 1994 e 2002, fazia menção ao Brasil; se, por outro lado, fosse proferida em 2010, dizia respeito ao time da Espanha. Assim, uma mesma sentença pode expressar diferentes proposições.

Em uma avaliação lógica de argumentos, deve-se supor a verdade das premissas e investigar se, neste caso, a conclusão é (provavelmente ou necessariamente) verdadeira ou não. Por conseguinte, deveríamos tomar argumentos como conjuntos de proposições, visto que estas é que são passíveis de ser verdadeiras ou falsas. Todavia, como os argumentos aqui trabalhados serão enunciados em contextos não ambíguos, as sentenças que os compõem expressarão, cada qual, uma única proposição (salvo em situações propositalmente excepcionais e devidamente referenciadas). Logo, a distinção em questão não será adotada e poderemos estabelecer (como já o fizemos) que argumentos são conjuntos de sentenças declarativas – ficando subentendido que tais sentenças expressam proposições, ou seja, expressam significados que podem ser considerados verdadeiros ou falsos.

Justificamos o procedimento adotado fazendo nossas as palavras de Mortari (2001, p. 15):

> Esta simplificação torna as coisas mais fáceis para um livro introdutório, pois não precisamos, então, fazer uma teoria de proposições, dizendo exatamente o que elas são, e como as sentenças se relacionam com elas. Podemos, portanto, trabalhar diretamente com as sentenças. Assim, vamos falar de argumentos, indiferentemente, como conjuntos de sentenças ou proposições.

Antes de finalizarmos esta seção, cabe ainda uma consideração sobre as sentenças que podem constituir argumentos. Foi dito que as sentenças (1) à (4) analisadas (a saber, as interrogativas, imperativas, exclamativas e as orações) não são (normalmente) admitidas em argumentos. A observação que deve ser feita é a seguinte: dependendo do contexto, algumas sentenças interrogativas pretendem declarar algo, mas o fazem de forma retórica, usando artifícios linguísticos (como perguntas com negação) para expressarem uma ideia. Estudaremos um exemplo na sequência.

Analisemos o seguinte excerto da obra *Defesa de Sócrates*, escrita por Platão[20]:

> Com efeito, senhores, temer a morte é o mesmo que supor-se sábio quem não o é [...]. Ninguém sabe o que é a morte, nem se, porventura, será para o homem o maior dos bens; todos a temem, como se soubessem ser ela o maior dos males. A ignorância mais condenável não é essa de supor saber o que não sabe?

O texto em questão é um argumento? O termo "com efeito" confere um tom conclusivo ao que o procede, a saber, "temer a morte é o mesmo que supor-se sábio quem não o é". Resta-nos analisar se as informações complementares dão suporte para tal tese (conclusão). Todavia, a constatação de uma sentença interrogativa ("A ignorância mais condenável não é essa de supor saber o que não sabe?") no fragmento poderia precipitadamente

---

[20] PLATÃO. *Defesa de Sócrates*. Tradução de Jaime Bruna. São Paulo: Nova Cultural, 1987, p. 15. (Os Pensadores)

aniquilar a possibilidade de o enxergarmos como argumentativo. Uma análise mais cuidadosa, no entanto, indica que se trata de uma pergunta meramente retórica: o Sócrates platônico não está colocando em questão se a suposição daquilo que não sabemos é de fato a ignorância mais condenável; a pergunta é usada como estilo retórico, pois, de fato, Sócrates defende ser condenável supor aquilo que não sabemos. Teríamos, então, o seguinte argumento:

Premissa 1: Ninguém sabe o que é a morte, nem se, porventura, será para o homem o maior dos bens.

Premissa 2: Todos temem a morte, como se soubessem ser ela o maior dos males.

Premissa 3: A ignorância mais condenável é supor saber o que não sabe.

Conclusão: Temer a morte é o mesmo que supor-se sábio quem não o é.

Note-se que a premissa 3 é a pergunta retórica transcrita como sentença declarativa. Dessa forma, passível de fazer parte do argumento. Há diversos casos similares a este, os quais (como este) só podem ser interpretados como situações excepcionais de acordo com o contexto ou com algum prévio conhecimento sobre o autor ou a obra. No caso estudado, teríamos de saber um pouco, por exemplo, sobre a filosofia socrática. Não tendo tal conhecimento prévio, podemos dizer que do ponto de vista estritamente lógico o trecho selecionado não é argumentativo.

Veja-se mais um texto que exemplifica a admissão de sentenças não declarativas em argumentos. Trata-se de outro excerto da *Defesa de Sócrates*[21]:

> Façamos mais esta reflexão: há grande esperança de que isto [a morte] seja um bem. Morrer é uma destas duas coisas: ou o morto é igual a nada, e não sente nenhuma sensação de coisa nenhuma;

---

[21] PLATÃO. *Defesa de Sócrates*. Tradução de Jaime Bruna. São Paulo: Nova Cultural, 1987, p. 26. (Os Pensadores)

ou, então, como se costuma dizer, trata-se duma mudança, uma emigração da alma, do lugar deste mundo para outro lugar. Se não há nenhuma sensação, se é como um sono em que o adormecido nada vê nem sonha, que maravilhosa vantagem seria a morte!

Neste trecho, a sentença que descaracterizaria o texto como argumentativo seria a exclamativa: "[...] que maravilhosa vantagem seria a morte!" A exclamação, sem dúvida, dá ênfase à constatação socrática. Mas, novamente, consiste muito mais em um artifício retórico do que na expressão de uma interjeição. Logo, poderia ser perfeitamente substituída por uma correspondente declarativa, a saber, "a morte seria uma maravilhosa vantagem". E teríamos o seguinte argumento, reescrito de modo mais didático (e indubitavelmente menos belo):

Premissa 1: Morrer é uma destas duas coisas: ou a aniquilação dos sentidos ou a emigração da alma.

Premissa 2: Se a morte for a emigração da alma, é benéfica.[22]

Premissa 3: Se for a ausência de sensação, é uma vantagem maravilhosa.

Conclusão: Há grande esperança de que a morte seja um bem.

Se considerarmos que as sentenças interrogativas e exclamativas eventualmente aceitas como componentes de argumentos podem (e devem), para tanto, ser transcritas como sentenças declarativas, retomaremos a consideração inicial: premissas e conclusões são necessariamente sentenças declarativas. Diante da eventual impossibilidade de se constatar o "sentido declarativo" de perguntas e exclamações (seja por desconhecer o contexto, o autor ou o tom irônico do discurso), o texto (escrito ou falado) que as inclui não pode ser considerado como argumentativo.

---

[22] Essa informação está implícita no trecho e explícita em passagens próximas, no mesmo texto. Alguns argumentos são enunciados de modo incompleto: há pressuposições não expressas na forma de premissas, mas apenas implícitas.

Observações sobre argumentos

Uma vez aclarada a definição de sentença, bem como a especificação das sentenças declarativas como aquelas que compõem argumentos, teceremos considerações sobre propriedades de argumentos, algumas já discutidas e aqui apenas destacadas.

(i) Argumentos são *conjuntos de sentenças declarativas*. A(s) premissa(s) e conclusão que constituem tal conjunto declaram algo (verdadeiro ou falso) sobre o mundo.

(ii) Um argumento não é um simples conjunto de sentenças declarativas, mas um conjunto de sentenças *encadeadas*. Isso porque tais sentenças devem estar relacionadas entre si para constituir um argumento, de forma que se possa verificar que *a conclusão* (tese central) *decorre das premissas* (hipóteses que justificam a tese central). A inferência subjacente ao argumento depende da inter-relação em questão.

(iii) A condição de *ser premissa ou conclusão não é algo absoluto*: sentenças que são conclusões em dados argumentos podem ser usadas como premissas em outros ,e vice-versa. A sentença será premissa ou conclusão de acordo com a função que desempenha no argumento: se a de justificar e embasar a tese central (sendo neste caso premissa) ou a de representar a própria tese central (sendo conclusão).

(iv) A conclusão não é necessariamente a última sentença expressa em um argumento. Pode ser a primeira ou vir entre premissas.

É comum atribuirmos o nome de entinemas a estes argumentos com ao menos uma premissa não-formulada. Tais argumentos incompletos podem dar margem a interpretações ambíguas ou errôneas, ao exigirem que o intérprete "complete" o encadeamento com a informação não disponível. Sobre enunciados implícitos, cf. Nolt e Rohatyn (1991, p. 23-24).

(v) Um argumento é um conjunto *não vazio* de sentenças declarativas. Para garantirmos ao menos uma conclusão, temos de admitir que se trata de um conjunto não vazio.

(vi) Um argumento é um conjunto *finito* de sentenças declarativas. Embora existam sistemas lógicos que admitem conjuntos com um número infinito de sentenças, este não é o caso da lógica informal aqui trabalhada. Não importa o número de premissas que compõe um argumento, desde que este número seja finito.

Se as três primeiras observações já foram justificadas (e, por conseguinte, prescindem de uma nova explicação), o mesmo não ocorre com as propriedades (iv),[23] (v) e (vi). Finalizaremos este capítulo com as análises faltantes.

Analisemos a propriedade (iv). É costume, ao evidenciarmos as premissas e a conclusão de um argumento, enunciá-las em uma ordenação tal que as premissas antecedem a conclusão e, dessa forma, a conclusão é a última sentença do argumento. Assim fizemos nos exemplos dados até aqui. No entanto, no discurso cotidiano, nem sempre a conclusão é a última sentença enunciada. Pode-se, por exemplo, começar proferindo a conclusão e, depois, mencionar a(s) premissa(s) que a sustenta(m), como no seguinte caso: "O gol foi anulado, dado que o jogador se encontrava em posição de impedimento". Neste argumento, justifica-se que o gol foi anulado (conclusão) com base na premissa de que o jogador estava impedido. O termo "dado que" indica a conexão entre as sentenças, determinando, pois, a função que cada qual adquire no argumento.

Na constituição de argumentos, tem-se ainda a possibilidade de enunciar a conclusão entre as sentenças que lhe servem de premissa. Em *O existencialismo é um humanismo*, Sartre afirma:

---

[23] A rigor, essa observação foi brevemente feita na seção "Premissas e conclusões" deste capítulo; julga-se, todavia, que outra ênfase pode ser dada à propriedade em questão.

"De fato, tudo é permitido se Deus não existe, e, por conseguinte, o homem está desamparado porque não encontra nele próprio nem fora dele nada a que se agarrar".[24] Nota-se que os termos "por conseguinte" e "porque" ocupam papéis importantes no argumento, identificando as premissas e a conclusão. O primeiro termo nos diz que a sentença que o procede, a saber, "o homem está desamparado", é a conclusão. Já o termo "porque" é um típico indicador de premissa, pois precede justificativas, explicações. Logo, se reordenássemos o argumento do filósofo, obteríamos: "Se Deus não existe, tudo é permitido e o homem não encontra nem nele próprio nem fora dele nada a se agarrar; portanto, (se Deus não existe) o homem está desamparado". Vê-se, então, que não há como identificar a conclusão com a última sentença enunciada em um argumento, visto que a sentença conclusiva pode figurar no início dele ou entre premissas, como no exemplo dado.

A propriedade (v), por sua vez, destaca a necessidade do conjunto de sentenças que caracteriza um argumento ser não vazio. O entendimento dessa propriedade de argumentos pressupõe que saibamos o que é um conjunto vazio. Um conjunto é dito vazio se e somente se não contém um elemento sequer. Os elementos que constituem o argumento são sentenças, como já estudado. Poderíamos supor ser um argumento um conjunto vazio, *i.e.*, um conjunto sem sentença alguma? No âmbito da lógica informal, não faz sentido pensar em tal conjunto, visto que a inexistência de sentenças no conjunto (o chamado conjunto vazio) implicaria a inexistência do próprio argumento! Por conseguinte, um argumento é necessariamente um conjunto não vazio de sentenças declarativas, um conjunto que contém ao menos um elemento – no caso, uma sentença declarativa.

A propriedade justificada no parágrafo anterior coloca-nos diante da possibilidade de outro questionamento. Argumentos

---

[24] SARTRE, Jean-Paul. *O existencialismo é um humanismo*. Tradução de Rita Correia Guedes. São Paulo: Nova Cultural, 1987, p. 9.

com duas, três, quatro ou mais sentenças são facilmente identificáveis como compostos por uma premissa e uma conclusão, duas premissas e uma conclusão, três premissas e uma conclusão, e assim consecutivamente. Mas e argumentos com uma sentença? Existem?

Os argumentos compostos por apenas uma sentença são um tipo especial de argumento, denominado **tautologia**. Nestes, a sentença compreende a conclusão, prescindindo de premissa(s). A conclusão é dita tautológica (*tauto* significa "o mesmo") justamente porque é "autoexplicativa", ou seja, explica-se por ela mesma. Isso ocorre dado que a verdade da sentença tautológica não depende do contexto ou de qualquer interpretação, sendo estabelecida exclusivamente com base na Lógica. Um exemplo clássico de argumento tautológico é simbolizado pela forma lógica "P ou não-P", na qual P denota uma sentença qualquer – por exemplo, "chove". Assim, é tautológica a sentença "Chove ou não chove". Tal conclusão é necessariamente verdadeira, pois, se de fato chove, a sentença é verdadeira e, contrariamente, se de fato não chove, a sentença permanece verdadeira. Maiores considerações sobre o valor de verdade das sentenças tautológicas demandariam um conhecimento prévio de lógica formal, o que não gostaríamos de pressupor.[25]

Falta explorarmos a última propriedade sobre argumentos aqui enumerada, a saber, a que afirma que um argumento é um conjunto *finito* de sentenças declarativas. Se por um lado há a exigência de que um argumento possua ao menos uma sentença (propriedade [v]), por outro, há também a exigência de que este mesmo argumento tenha um número finito de sentenças (propriedade [vi]). Isso é exigido porque em um argumento coloquial (e aqui excetuamos alguns cálculos lógicos específicos), por mais extenso que seja o número de premissas, este deve ser finito para que possa ser feita a inferência final, aquela que leva à

---

[25] Para outros exemplos e formalizações de tautologias, cf. Salmon (2002, p. 25-26).

aceitação da conclusão. Se o número de premissas fosse infinito, não terminaríamos de enunciá-las e, consequentemente, não conseguiríamos usá-las como pressuposto ou justificativa para a conclusão. Enfim, não teríamos argumento algum.

Essa restrição ao número (finito) de sentenças que compõem argumentos é, em geral, aceita. Mas há sistemas lógicos que lidam com argumentos compostos por um número infinito de premissas. Como tais sistemas não serão objetos de nosso estudo (e dada a dificuldade em avaliar argumentos com infinitas sentenças), restringiremos a noção de argumento àqueles constituídos por um conjunto finito de sentenças.

Para finalizarmos esta seção, transcreveremos a definição de argumento atribuída a Mortari (2001, p. 9) e enunciada em outra ocasião: um argumento é "um conjunto (não-vazio e finito) de sentenças[26], das quais uma é chamada de conclusão, as outras de premissas, e pretende-se que as premissas justifiquem, garantam ou dêem evidência para a conclusão". Espera-se que todos os termos que a compõem (bem como o encadeamento entre eles) estejam suficientemente claros.

Avaliações de argumentos

O objeto de estudo aqui continua a ser o raciocínio ou o processo de inferência. Não o aspecto psicológico ou linguístico do raciocínio, mas aquilo que resulta desse processo e permite o estabelecimento das conexões entre as premissas (ou pressuposições) e a conclusão: os argumentos.

Um dos objetos de pesquisa da Lógica é a análise de argumentos. Tal análise, por sua vez, não é realizada sempre sob o mesmo viés. Consequentemente, há tipos de avaliações possíveis de argumentos (HAACK, 2002), que serão enunciados na sequência.

---

[26] Deve-se acrescentar serem tais sentenças, declarativas.

Diante de um argumento, quais serão as perguntas a fazer? Inúmeras, sem dúvida. Entre as várias possíveis, figuram as seguintes: há, entre as premissas e a conclusão, uma conexão apropriada? As premissas justificam suficientemente a conclusão? A conclusão é necessária a partir das premissas ou é apenas provável? Existe a possibilidade de as premissas serem supostamente verdadeiras e a conclusão, falsa? As questões supracitadas delimitam o que chamamos de **avaliação lógica de argumentos**.

A principal preocupação na ótica avaliativa estritamente lógica é com o encadeamento entre premissas e a consequente inferência da conclusão. Mas há outros possíveis questionamentos a fazer diante de um argumento, tais como: as premissas e a conclusão são *de fato verdadeiras*? Em outras palavras, as sentenças que compõem o argumento são verdadeiras de acordo com algum parâmetro ou teoria de verdade estabelecidos, sejam estes científicos, metafísicos, epistemológicos ou religiosos? Perguntas sob esse viés constituem o que se denomina **avaliação material de argumentos**.

Por fim, há ainda a possibilidade de investigação de argumentos sob a perspectiva da retórica: o argumento é persuasivo para a audiência? O argumento convence? É falacioso? Munidos dessas perguntas, estaríamos fazendo uma **avaliação retórica de argumentos**.

Apesar de serem três (segundo HAACK, 2002) as maneiras possíveis de examinar um argumento, costuma-se associar a disciplina Lógica à chamada avaliação lógica de argumentos, àquela que atenta ao encadeamento dos enunciados que compõem o argumento. Isso ocorre, provavelmente, porque no escopo desta última são definidas importantes noções da Lógica, como as de dedução, indução, validade e correção,[27]

---

[27] Rigorosamente, esta última não é definida exclusivamente no âmbito da avaliação lógica, pois carece – como veremos – da definição de verdade, a qual pertence ao exame material de argumentos.

que serão trabalhadas no capítulo procedente. Antes, porém, enunciaremos – como previamente anunciado – um exercício sobre identificação de estrutura argumentativa e apresentaremos, na sequência, uma sugestão para solucioná-lo.

Exercício

Identificar a(s) premissa(s) e a conclusão dos excertos filosóficos selecionados.

1. "Não se deve argumentar com todo mundo, nem praticar argumentação com o homem da rua, pois há gente com quem toda discussão tem por força degenerar. Com efeito, contra um homem que não recua diante de meio algum para aparentar que não foi derrotado, é justo tentar todos os meios de levar a bom fim a conclusão que nos propomos; mas isto é contrário às boas normas. Por isso, a melhor regra é não se pôr levianamente a argumentar com o primeiro que se encontra, pois daí resultará seguramente uma má argumentação" [ARISTÓTELES. *Tópicos*, VIII, 14, 164b-10. Tradução de Leonel Vallandro e Gerd Bornheim. São Paulo: Nova Cultural, 1987, p. 152 (Os Pensadores)].

2. "É necessário fazer isso [organizar colônias], ou ter lá muita força armada. Com as colônias não se gasta muito, e sem grande despesa podem ser feitas e mantidas. [...] Mas conservando, em vez de colônias, força armada, gasta-se muito mais, e tem de ser despendida nela toda a receita da província. A conquista torna-se, pois, perda, e ofende muito mais, porque prejudica todo o Estado com as mudanças de alojamento das tropas. Estes incômodos todos os sentem, e todos por fim se tornam inimigos que podem fazer mal, ainda batidos na própria casa. Por todas as razões, pois, é inútil conservar força armada, ao contrário de manter colônias" [MAQUIAVEL. *O príncipe*, capítulo III. Tradução de Lívio Xavier. São Paulo: Abril Cultural, 1983, p. 11 (Os Pensadores)].

3. "Pois a natureza dos homens é tal que, embora sejam capazes de reconhecer em muitos outros maior inteligência, maior eloquência

ou maior saber, dificilmente acreditam que haja muitos tão sábios quanto eles próprios; porque vêem sua própria sabedoria bem de perto, e a dos outros homens à distância. Mas isto prova que os homens são iguais quanto a esse ponto, e não que sejam desiguais. Pois geralmente não há sinal mais claro de uma distribuição eqüitativa de alguma coisa do que o fato de todos estarem contentes com a parte que lhes coube" [HOBBES. *Leviatã*, capítulo XIII. Tradução de João Paulo Monteiro e Maria Beatriz Nizza da Silva. São Paulo: Abril Cultural, 1979, p. 74 (Os Pensadores)].

4. "Mas há algum, não sei qual, enganador mui poderoso e mui ardiloso que emprega toda a sua indústria em enganar-me sempre. Não há, pois, dúvida alguma de que sou, se ele me engana; e, por mais que me engane, não poderá jamais fazer com que eu nada seja, enquanto eu pensar ser alguma coisa. De sorte que, após ter pensado bastante nisto e de ter examinado cuidadosamente todas as coisas, cumpre enfim concluir e ter por constante que esta proposição *Eu sou, eu existo*, é necessariamente verdadeira todas as vezes que a enuncio ou que a concebo em meu espírito" [DESCARTES. *Meditações Metafísicas*. Tradução de J. Guinsburg e Bento Prado Júnior. São Paulo: Abril Cultural, 1983, p. 92 (Os Pensadores)].

5. "Ou há um Deus cristão ou não há um Deus cristão. Suponha que você acredita na existência dEle e que observa uma vida cristã. Então, se Ele realmente existir, você gozará da felicidade eterna. Se Ele não existir, você perderá muito pouco. Mas suponha que você não acredita na existência dEle e que não observa uma vida Cristã. Se Ele não existir, você nada perderá, mas se Ele existir, você será condenado por toda a eternidade! Então é racional e prudente acreditar na existência de Deus e observar uma vida cristã" [PASCAL. Pensamentos, § 233. In: FISHER, Alec. *A lógica dos verdadeiros argumentos*. Tradução de Rodrigo Castro. São Paulo: Novo Conceito, 2008, p. 3].

6. "Era tradição antiga, levada do Egito para a Grécia, que o inventor das ciências fora um deus inimigo do repouso dos

homens. [...] A astronomia nasceu da superstição; a eloqüência, da ambição, do ódio, da adulação, da mentira; a geometria, da avareza; a física, de uma curiosidade infantil; todas elas, e a própria moral, do orgulho humano. As ciências e as artes devem, portanto, seu nascimento a nossos vícios: teríamos menor dúvida quanto às suas vantagens, se o devessem a nossas virtudes" [ROUSSEAU. *Discurso sobre as ciências e as artes*. Tradução de Lourdes Santos Machado. São Paulo: Abril Cultural, 1983, p. 342-343 (Os Pensadores)].

7. "Visto que todas as representações, tenham como objeto coisas externas ou não, em si mesmas, como determinações da mente, pertencem ao estado interno, ao passo que este estado interno subsume-se à condição formal de intuição interna e portanto ao tempo, então o tempo é uma condição *a priori* de todo fenômeno em geral" [KANT. *Crítica da razão pura*. Tradução de Valerio Rohden e Udo Baldur Moosburger. São Paulo: Nova Cultural, 1987, p. 46 (Os Pensadores)].

8. "O verdadeiro é o todo. Mas o todo é somente a essência que se implementa através de seu desenvolvimento. Sobre o absoluto, deve-se dizer que é essencialmente resultado; que só no fim é o que é na verdade. Sua natureza consiste justo nisso: em ser algo efetivo, em ser sujeito ou vir-a-ser-de-si-mesmo. [...] É portanto um desconhecer da razão [o que se faz] quando a reflexão é excluída do verdadeiro e não é compreendida como um momento positivo do absoluto" [HEGEL. *Fenomenologia do espírito*. Tradução de Paulo Meneses. Petrópolis: Vozes, 1992, p. 31].

9. "O uso dessa palavra, nas circunstâncias da nossa vida habitual, nos é naturalmente muito bem conhecido. Mas o papel que a palavra desempenha em nossa vida, e, além disso, o jogo de linguagem no qual a empregamos, seriam difíceis de expor mesmo em traços grosseiros" [WITTGENSTEIN. *Investigações filosóficas*, 156. Tradução de José Carlos Bruni. São Paulo: Abril Cultural, 1979, p. 68 (Os Pensadores)].

10. "De fato, as disciplinas têm seu discurso próprio. Elas mesmas são, pelas razões que eu lhes dizia agora há pouco, criadoras de aparelhos de saber, de saberes e de campos múltiplos de conhecimento. Elas são extraordinariamente inventivas na ordem desses aparelhos de formar saber e conhecimentos, e são portadoras de um discurso, mas de um discurso que não pode ser o discurso do direito, o discurso jurídico. O discurso da disciplina é alheio ao da lei; é alheio ao da regra como efeito da vontade soberana. Portanto, as disciplinas vão trazer um discurso que será o da regra; não o da regra jurídica derivada da soberania, mas o da regra natural, isto é, da norma" [FOUCAULT. *Em defesa da sociedade*. Tradução de Maria Ermantina Galvão. São Paulo: Martins Fontes, 2000, p. 45].

Proposta de solução

1. No texto aristotélico aqui selecionado o termo "pois" é indicador de premissa, dado que poderia ser substituído por "porque" sem prejuízo algum.[28] Mas as sentenças "há gente com quem toda discussão tem por força degenerar" e "daí resultará seguramente uma má argumentação" não são as únicas premissas do argumento. Como sabê-lo? Devemos, primeiramente, questionar a tese central defendida pelo autor. E qual seria? Diz Aristóteles que não devemos argumentar com qualquer um. Essa tese é enunciada em dois momentos e com palavras um pouco diferentes (mas que guardam o mesmo sentido): nas sentenças "Não se deve argumentar com todo mundo, nem praticar argumentação com o homem da rua" e "a melhor regra é não se pôr levianamente a argumentar com o primeiro que se encontra". Eis, pois, a conclusão. Note-se que não há duas conclusões. Mas, contrariamente, a conclusão é proferida em duas passagens: anunciada no início e reiterada no fim do argumento. E entre as duas aparições da

---

[28] Lembremo-nos de que o uso do "pois" antes do verbo sinaliza que este tem a função de uma conjunção coordenativa explicativa.

conclusão estão as justificativas, as premissas. Estruturamos o argumento, enfim, da seguinte forma:

Premissa 1:	Há gente com quem toda discussão tem por força degenerar.
Premissa 2:	Contra um homem que não recua diante de meio algum para aparentar que não foi derrotado, é justo tentar todos os meios de levar a bom fim a conclusão que nos propomos.
Premissa 3:	Tentar todos os meios de levar a bom fim a conclusão que nos propomos é contrário às boas normas.
Premissa 4:	Pôr-se levianamente a argumentar com o primeiro que se encontra resultará seguramente uma má argumentação.
Conclusão:	Não se deve argumentar com todo mundo, nem praticar argumentação com o homem da rua. Ou seja, a melhor regra é não se pôr levianamente a argumentar com o primeiro que se encontra.

2. Não é difícil identificar a conclusão do excerto selecionado de Maquiavel, bem delimitada pela expressão "Por todas as razões, pois".[29] Com esta, o filósofo anuncia que já oferecera os pressupostos (premissas) para aquilo que pretende defender, a saber, que "é inútil conservar força armada, ao contrário de manter colônias". Nesse sentido, as informações enunciadas (que comparam as consequências de se organizar colônias e ter força armada) são justamente as premissas e podem ser assim transcritas:

Premissa 1:	Ou se organizam colônias ou se tem força armada.
Premissa 2:	Com as colônias não se gasta muito e sem grande despesa podem ser feitas e mantidas.

---

[29] A conjunção coordenativa "pois", ente vírgulas, é conclusiva.

Premissa 3:	Conservando força armada se gasta muito mais e tem de ser despendida nela toda a receita da província.
Premissa 4:	A conquista com força armada prejudica o Estado com as mudanças de alojamento das tropas (e, assim, torna-se perda).
Premissa 5:	Os incômodos causados pela adoção da força armada são sentidos por todos, os quais se tornam inimigos.
Conclusão:	Torna-se inútil conservar força armada, ao contrário de manter colônias.

3. No fragmento hobbesiano encontramos, por duas vezes, a conjunção "pois", a qual – conforme dito na nota 11, seção "Premissas e conclusões" – pode ser tanto explicativa quanto conclusiva. Na sua primeira aparição, poderia ser substituída tanto por "porque" quanto por "portanto", e não teríamos maiores alterações na interpretação do fragmento. Já em "pois geralmente não há sinal...", não somente a conjunção antecede o verbo, como sua substituição por "porque" é aquela que melhor resguarda o significado da proposição em questão. É, assim, uma conjunção coordenativa explicativa e indica que a sentença que a procede é uma premissa.

Além da dupla utilização da conjunção em questão, o texto aqui analisado traz dois outros indicadores: "porque" e "isso prova que". Se o primeiro é a usual conjunção coordenativa explicativa, o segundo sinaliza a conclusão, dado que anuncia aquilo que se pretende provar, qual seja, a ideia central defendida. Com base em tais observações podemos estruturar o argumento de Hobbes da seguinte maneira:

Premissa 1:	Os homens veem sua própria sabedoria bem de perto, e a dos outros homens à distância.
Premissa 2.	A natureza dos homens é tal que, embora sejam capazes de reconhecer em muitos outros maior inteligência, maior eloquência ou maior saber, dificilmente acreditam que haja muitos tão sábios quanto eles próprios.

Premissa 3:	Geralmente não há sinal mais claro de uma distribuição eqüitativa de alguma coisa do que o fato de todos estarem contentes com a parte que lhes coube.
Conclusão:	Os homens são iguais (e não desiguais) quanto a esse ponto.

4. Se na citação de Maquiavel consideramos que a conclusão estava bem delimitada, no fragmento cartesiano ela está explicitamente anunciada: "De sorte que, após ter pensado bastante nisto e de ter examinado cuidadosamente todas as coisas, cumpre enfim concluir e ter por constante que", diz Descartes. E, de fato, conclui: "Esta proposição *Eu sou, eu existo*, é necessariamente verdadeira todas as vezes que a enuncio ou que a concebo em meu espírito". Uma tal conclusão é extraída de duas premissas não básicas (ou conclusões intermediárias), encadeadas pela conjunção coordenativa aditiva "e". São premissas não básicas porque são inferidas da premissa básica "há algum, não sei qual, enganador mui poderoso e mui ardiloso que emprega toda a sua indústria em enganar-me sempre". Segue a estrutura argumentativa sob análise:

Premissa 1 [básica]:	Há algum, não sei qual, enganador mui poderoso e mui ardiloso que emprega toda a sua indústria em enganar-me sempre.
Premissa 2 [conclusão intermediária com base na premissa 1]:	Não há, pois, dúvida alguma de que sou, se ele me engana.
Premissa 3 [conclusão intermediária com base na premissa 1]:	Por mais que me engane, não poderá jamais fazer com que eu nada seja, enquanto eu pensar ser alguma coisa.
Conclusão:	Esta proposição *Eu sou, eu existo*, é necessariamente verdadeira todas as vezes que a enuncio ou que a concebo em meu espírito.

5. O texto de Pascal, extraído de *Pensamentos*, §233, é conhecido na literatura filosófica como "A aposta de Pascal". Na tradução aqui enunciada, a conclusão é evidenciada pela conjunção coordenativa conclusiva "então": "é racional e prudente acreditar na existência de Deus e observar uma vida cristã". Resta-nos perguntar quais as justificativas para tal. Partindo do pressuposto tautológico[30] de que ou há um Deus cristão ou não há um Deus cristão (premissa 1), Pascal passa a investigar as consequências de acreditarmos n'Ele (ou não) nas duas circunstâncias possíveis: em Ele existindo ou não existindo. Teríamos, então, as seguintes possibilidades:

> a. Suponha que você acredite na Sua existência e observe uma vida cristã.
> Se Ele existe, você terá a felicidade eterna.
> Se Ele não existe, você perderá pouco.

Daí Pascal extrai a segunda premissa: se você acredita n'Ele, terá felicidade eterna (se Ele existir) ou pouco perderá (se Ele não existir).

> b. Suponha que você não acredite n'Ele e não observe uma vida cristã.
> Se Ele não existe, você não perderá nada.
> Se Ele existe, você será condenado por toda a eternidade.

Daí Pascal extrai a terceira premissa: se você não acredita nEle, nada perderá (se Ele não existir) ou será condenado por toda a eternidade (se Ele existir).

Uma vez analisadas as consequências de acreditarmos ou não em um Deus nas duas circunstâncias possíveis (Ele existir ou não), temos, enfim, a seguinte estrutura argumentativa:

---

[30] Lembra-se o leitor que discutimos os enunciados tautológicos ao observarmos que um argumento pode ser um conjunto composto por uma única sentença, dita tautológica ou tautologia? Senão, caso queira, confira os comentários sobre a propriedade de argumentos (v) da seção "Observações sobre argumentos".

Premissa 1:	Ou há um Deus cristão ou não há um Deus cristão.
Premissa 2:	Se você acredita Nele, terá felicidade eterna (se Ele existir) ou pouco perderá (se Ele não existir).
Premissa 3:	Se você não acredita Nele, nada perderá (se Ele não existir) ou será condenado por toda a eternidade (se Ele existir).
Conclusão:	É prudente e racional acreditar na existência de Deus e observar uma vida cristã.

6. Rousseau, em seu *Discurso sobre as ciências e as artes*, defende, *grosso modo*, que as ciências e as artes acabaram por consolidar os vícios que as provocaram – não trazendo progresso à felicidade humana. E a passagem aqui selecionada diz respeito justamente a essa posição do filósofo. Pode-se reconhecer uma primeira conclusão, "as ciências e as artes devem, portanto, seu nascimento a nossos vícios" e, igualmente, uma segunda, desta primeira inferida. Temos, pois, dois argumentos interligados: a conclusão do segundo (a conjectura "teríamos menor dúvida quanto às suas vantagens, se o devessem a nossas virtudes") é extraída da conclusão do primeiro. Parafraseando o autor, estruturamos assim o primeiro argumento:

Premissa 1:	O inventor das ciências foi um deus inimigo do repouso dos homens.
Premissa 2:	A astronomia nasceu da superstição.
Premissa 3:	A eloquência nasceu da ambição, do ódio, da adulação, da mentira.
Premissa 4:	A geometria nasceu da avareza.
Premissa 5:	A física nasceu de uma curiosidade infantil.
Premissa 6:	Todas as ciências – e a própria moral – nasceram do orgulho humano.
Conclusão:	As ciências e as artes devem seu nascimento a nossos vícios.

E, igualmente, o segundo:

Conclusão intermediária:	As ciências e as artes devem seu nascimento a nossos vícios.
Conclusão final:	Teríamos menor dúvida quanto às vantagens das ciências e das artes se essas devessem o seu nascimento a nossas virtudes.

7. O fragmento kantiano em questão possui um indicador de premissa e dois de conclusão, respectivamente, "visto que", "portanto" e "então". Como, então, lê-lo? O termo "visto que" indica que a informação subsequente, a saber, "todas as representações, tenham como objeto coisas externas ou não, em si mesmas, como determinações da mente, pertencem ao estado interno" configura-se como premissa. Na sequência, encontramos "ao passo que", uma conjunção subordinativa proporcional que aponta que a sentença que a procede realiza-se simultaneamente ao da sentença principal. Nesse sentido, Kant traz dois pressupostos: "todas as representações pertencem ao estado interno" e "este estado interno subsume-se à condição formal de intuição interna". Encontramos, pois, as premissas.

O termo "portanto", por sua vez, assinala alguma inferência. No caso, infere-se que "este estado interno subsume-se ao tempo". Mas como se legitima essa conclusão? Para o entendimento desta passagem faz-se necessário um pequeno conhecimento acerca da teoria kantiana: o tempo, para Kant, é uma das condições formais de intuição interna. Esta é, assim, uma premissa implícita, a qual nos permite o seguinte raciocínio: dado que esse estado interno subsume-se à condição formal de intuição interna e o tempo é uma condição formal de intuição interna, então esse estado interno subsume-se ao tempo. Temos o que chamamos de subargumento. A conclusão em questão é dita intermediária, pois figura como premissa para uma nova (e derradeira) inferência: "o tempo é uma condição *a priori* de todo fenômeno em geral".

Finalmente, entende-se a estrutura geral do argumento: dado que as representações pertencem ao estado interno e este se subsume ao tempo, então todas as representações se subsumem ao tempo, ou seja, o tempo é uma condição *a priori* de todo fenômeno em geral. Poderíamos, por conseguinte, estruturar o argumento kantiano do seguinte modo:

Premissa 1:	Todas as representações, tenham como objeto coisas externas ou não, em si mesmas, como determinações da mente, pertencem ao estado interno.
Premissa 2:	Este estado interno subsume-se à condição formal de intuição interna.
Premissa 3 [implícita]:	O tempo é uma das condições formais de intuição interna.
Conclusão Intermediária = Premissa 4:	Este estado interno subsume-se ao tempo.
Conclusão Final:	O tempo é uma condição a priori de todo fenômeno em geral (todas as representações subsumem-se ao tempo).

8. No trecho extraído da *Fenomenologia do Espírito*, Hegel defende que "é um desconhecer da razão [o que se faz] quando a reflexão é excluída do verdadeiro e não é compreendida como um momento positivo do absoluto". A conjunção "portanto" indica a conclusão. Esta, por sua vez, fundamenta-se nas sentenças que a precedem, da seguinte forma:

Premissa 1:	O verdadeiro é o todo.
Premissa 2:	O todo é somente a essência que se implementa através de seu desenvolvimento.
Premissa 3:	O absoluto é essencialmente resultado que só no fim é o que é na verdade.
Premissa 4:	A natureza do absoluto consiste em ser algo efetivo, em ser sujeito ou vir-a-ser-de-si-mesmo.
Conclusão:	É um desconhecer da razão [o que se faz] quando a reflexão é excluída do verdadeiro e não é compreendida como um momento positivo do absoluto.

9. A citação das *Investigações filosóficas* de Wittgenstein não é um argumento, porque não há a pretensão de defender determinada ideia com base em outra(s). As sentenças que compõem o fragmento não formam um conjunto encadeado em que é possível apontar premissa(s) e conclusão. Temos apenas informações sequenciais (e em oposição, marcada pelo termo "mas" – uma conjunção coordenativa adversativa): "O uso dessa palavra, nas circunstâncias da nossa vida habitual, nos é naturalmente muito bem conhecido"; "o papel que a palavra desempenha em nossa vida seria difícil de expor mesmo em traços grosseiros"; "o jogo de linguagem no qual a empregamos também seria difícil de expor (mesmo em traços grosseiros)". E só. Não há inferência subentendida; não há inferência a ser enunciada.

10. O argumento apresentado por Foucault na obra *Em defesa da sociedade* e aqui escolhido como décimo exercício é estruturalmente simples, pois contém uma série de informações encadeadas que atestam a conclusão "as disciplinas vão trazer um discurso que será o da regra natural, isto é, da norma"; esta última, evidenciada pela conjunção coordenativa conclusiva "portanto". Segue a estrutura do argumento que encerra esta lista de exercícios:

Premissa 1: As disciplinas têm seu discurso próprio.

Premissa 2: As disciplinas são criadoras de aparelhos de saber, de saberes e de campos múltiplos de conhecimento.

Premissa 3: As disciplinas são extraordinariamente inventivas na ordem desses aparelhos de formar saber e conhecimentos.

Premissa 4: As disciplinas são portadoras de um discurso que não pode ser o discurso do direito (o discurso jurídico).

Premissa 5: O discurso da disciplina é alheio ao da lei; é alheio ao da regra como efeito da vontade soberana.

Conclusão: As disciplinas vão trazer um discurso que será o da norma (o da regra natural – e não da regra jurídica derivada da soberania).

CAPÍTULO IV

Dedução e indução

Usam-se frequentemente, nos diálogos cotidianos, expressões como: "Você está induzindo que...", "Pare de me induzir!", "Disso posso deduzir que...", "Este raciocínio é uma péssima dedução"; dentre outras. Seriam as referidas menções à dedução e à indução corretas? Mais precisamente: seriam tais usos rigorosos do ponto de vista lógico? Faz-se necessário especificarmos tais conceitos.

A especificação supramencionada, contudo, não é consensual entre lógicos e filósofos. De acordo com o que comumente chamamos de avaliação lógica de argumentos,[31] a distinção entre dedução e indução é bastante problemática, tendo sido discutida ao longo da história da Lógica.[32] Uma usual diferenciação diz respeito ao caráter ampliativo dos argumentos

---

[31] Cf. classificação devida a Haack (2002) e reproduzida na seção "Avaliações de argumentos" do capítulo precedente.

[32] Um dos autores das críticas à distinção entre dedução e indução foi Stephen Toulmin, filósofo inglês que defende que o par de termos "dedutivo" e "indutivo" é erroneamente anexado a quatro distinções, a saber: "as divisões de argumentos em analíticos e substanciais, em argumentos que usam garantia e que estabelecem garantia, em conclusivos e tentativos, e em formalmente válidos e não formalmente válidos" (TOULMIN, 2006, p. 207). Para o autor, apenas a segunda distinção (entre os argumentos que usam e os que estabelecem garantias) marcaria corretamente os termos dedução e indução.

indutivos, em detrimento do não ampliativo, característico dos dedutivos. Mas, como assinala Mortari (2001, p. 23), tal caracterização é problemática:

> É costume diferenciá-los [argumentos dedutivos e indutivos] dizendo-se que os argumentos dedutivos são *não-ampliativos*, isto é, num argumento dedutivo, tudo o que está dito na conclusão já foi dito, ainda que implicitamente, nas premissas. Argumentos indutivos, por outro lado, seriam *ampliativos*, ou seja, a conclusão diz mais, vai além, do que afirmado nas premissas.

Essa maneira de colocar as coisas, porém, é um tanto insatisfatória, pois não fica claro quando é que a conclusão diz só o afirmado nas premissas e quando diz mais do que isso.

Nesse sentido, a distinção de argumentos dedutivos e indutivos com base no caráter ampliativo ou não deles requer a prévia possibilidade de avaliação daquilo que é dito nas premissas e na conclusão; mas não há um critério preciso para a ponderação em questão. Logo, a diferenciação entre dedução e indução sob esse critério é igualmente pouco rigorosa.

Outros autores diferenciam uma dedução de uma indução atentando para o modo como a conclusão é obtida das premissas: se por encadeamento lógico ou por generalização. Não obstante, esta saída também apresenta problemas, como será sinalizado mais adiante. Por ora, vejamos o verbete descrito por Sàágua (*apud* BRANQUINHO; MURCHO; GOMES, 2006, p. 43):

> É habitual, e correto, distinguir dois gêneros de raciocínio: indutivo e dedutivo. A característica mais conspícua dos raciocínios indutivos reside no fato de partirem de certas frases e chegarem a uma outra que generaliza, de algum modo, sobre as frases de que se partiu. Os raciocínios dedutivos têm como característica mais conspícua o fato de o seu propósito ser o de partir de certas frases para chegar a outra que extrai das primeiras informação que elas, de algum modo, já continham.

A definição apresentada por Sàágua – e amplamente difundida no senso comum – identifica a indução com a generalização e, em algum sentido, reitera o caráter "ampliativo" da indução discutido anteriormente. Além do pouco rigor na identificação (ou determinação) de conclusões ampliativas ou não, a definição em questão apresenta outro problema: há induções que não são generalizações. O argumento "A maioria dos palmeirenses é inteligente; Edelcio é palmeirense; logo, Edelcio é inteligente" é indutivo e, no entanto, a conclusão não é inferida por generalização.

Todavia, a inferência baseada em generalização é uma forma bastante comum de indução, como pode ser exemplificado no argumento abaixo estruturado:

Exemplo de indução

Premissa 1:	Suponha que temos uma determinada caixa azul de CDs e que retiramos dela alguns destes CDs, ou seja, uma amostra.
Premissa 2:	A avaliação da amostra de CDs retirados da caixa mostra que os mesmos são de Rock.
Conclusão:	Todos os CDs da dada caixa azul são de Rock.

Vê-se, no exemplo dado, que com base na característica comum de uma amostra de CDs de uma dada caixa, inferiu-se – por generalização – a conclusão de que todos os CDs da referida caixa possuem a mesma característica, a saber, são CDs de Rock. Pode-se, afirmar, igualmente, que a conclusão é provável, ou seja, não é necessária.

Aproveitando o mote pouco criativo da caixa azul de CDs, pode-se construir um argumento de estrutura diferente, qual seja, dedutiva:

Exemplo de dedução

Premissa 1:	Suponha que todos os CDs de uma determinada caixa azul são de músicas dos anos 70.
Premissa 2:	Nesta mesma caixa azul, todas as músicas dos anos 70 são de bandas de Rock.

Conclusão: Todos os CDs da dada caixa azul são de bandas de Rock.

Após o exame do exemplo acima enunciado, constata-se que a conclusão, diferentemente do argumento anterior, foi inferida de modo direto mediante o encadeamento das premissas e, portanto, é necessária, ou seja, é impossível que as premissas sejam verdadeiras e a conclusão seja falsa.

Os exemplos até aqui trabalhados são casos facilmente identificáveis, respectivamente, de argumentos indutivos e dedutivos. Não obstante (e como supracitado), há casos de argumentos indutivos cuja conclusão não é obtida por generalização. Ademais, há inúmeras formas possíveis de argumentos dedutivos. O argumento sobre os CDs, aliás, mostra que o padrão *premissa universal-conclusão particular* usualmente atribuído à dedução não é o único; no caso usado como exemplo, tanto as premissas quanto a conclusão são universais, pois dizem respeito a *todos* os CDs e a *todas* as músicas.

Uma vez que são problemáticos os critérios até aqui mencionados de distinção entre argumentos dedutivos e indutivos (não ampliativos e ampliativos; inferência direta e por generalização), faz-se necessário que se estabeleça outro, qual seja, a pretensão quanto à força da conclusão. Nesse sentido, um argumento é dito *dedutivo* se e somente se há a pretensão de que a conclusão seja uma consequência lógica das premissas; contrariamente, argumentos cuja conclusão pretende-se apenas provavelmente verdadeira são ditos *indutivos*.

> [...] há um sentido mais *amplo* em que um argumento [...] pode ser chamado de dedutivo: quando há a intenção, por parte de quem constrói ou apresenta o argumento, de que sua conclusão seja conseqüência lógica das premissas, ou seja, a pretensão de que a verdade de suas premissas garanta a verdade da conclusão. [...].
> Porém, [...] nem todos os argumentos que usamos são dedutivos, ou seja, nem sempre pretendemos que a conclusão do argumento seja uma conseqüência lógica das premissas [...] – apenas que ela é *provavelmente verdadeira* (MORTARI, 2001, p. 23-24).

Poder-se-ia objetar que as definições supracitadas são, assim como as anteriores, problemáticas, visto que se pautam pela pretensão do arguidor. Reconhecida a objeção, resta apenas defender esta última distinção baseada na intenção daquele que argumenta como a mais rigorosa entre as aqui apresentadas, como se espera que fique claro ao estudar alguns dos diferentes tipos dedutivos e indutivos nas seções subsequentes.

Argumentos dedutivos

Em um sentido amplo, um argumento é dito **dedutivo** se, e somente se, a conclusão é (ou pretende ser) consequência lógica das premissas, isto é, se a suposta verdade da(s) premissa(s) garante (ou pretende garantir) a verdade da conclusão.

Um exemplo clássico de argumento dedutivo é o conhecido silogismo "Todo homem é mortal; algum Sócrates é homem; logo, algum Sócrates é mortal". Listemos, primeiramente, as premissas e a conclusão:

Silogismo Categórico na forma AII-1[34]:	Premissa 1:	Todo homem é mortal.
	Premissa 2:	Algum Sócrates é homem.
	Conclusão:	Algum Sócrates é mortal.

No exemplo dado, se admitirmos a verdade das premissas 1 e 2, somos obrigados a considerar a verdade da conclusão. Em outras palavras, é impossível que todo homem seja mortal, algum Sócrates seja homem e, concomitantemente, Sócrates não

---

[33] Dado que se priorizou uma abordagem informal da lógica, não cabe aqui qualquer consideração sobre a forma AII-1 do silogismo categórico em questão. A mesma só não foi suprimida para que o leitor leigo não a tomasse como única. (Há 256 formas diferentes do chamado silogismo categórico.)

seja mortal. Isso porque por Sócrates ser homem e a classe dos homens ser um subconjunto da classe dos mortais, Sócrates, necessariamente, pertence a essa classe (dos mortais).

No argumento dedutivo, a conclusão possui (ou pretende possuir) caráter de necessidade: o encadeamento das premissas nos obriga (ou deveria fazê-lo) a aceitarmos a conclusão.

A ressalva no parágrafo precedente quanto ao "deveria fazê-lo" diz respeito à intenção da inferência dedutiva e ao caso específico em que tal pretensão não é concretizada. Há argumentos dedutivos em que a suposta verdade das premissas não garante a necessidade da conclusão. São os chamados argumentos dedutivos inválidos, que serão estudados posteriormente. Por outro lado, os argumentos dedutivos nos quais a conclusão decorre (como pretendido) com necessidade da(s) premissa(s) são ditos argumentos válidos. E serão igualmente estudados subsequentemente. Por hora (e ainda sem nos preocuparmos com a validade ou invalidade da dedução), vejamos um exemplo de argumento dedutivo de Celso Favaretto[34]:

> [...] a filosofia deve ser considerada no 2º grau como uma disciplina, ao nível das demais. Como "disciplina", é um conjunto específico de conhecimentos, com características próprias sobre ensino, formação, etc. [...] diz respeito, hoje, mais a idéia de "exercício intelectual", mesmo que isso seja um tanto restritivo. Mas, como disciplina do currículo escolar, ela mescla conteúdo cultural, formação e exercício intelectual a partir de seus materiais, mecanismos e métodos, como qualquer outra disciplina. Não há razão, pois, para ser tratada como uma atividade fora das contingências do currículo.

Em primeiro lugar, faz-se necessário identificar a conclusão do excerto acima reproduzido: qual a ideia central defendida por Celso Favaretto? Afirma o autor no início do fragmento

---

[34] FAVARETTO, Celso. Notas sobre ensino de filosofia. In: ARANTES, Paulo *et al.*; MUCHAIL, Salma T. (Org.). *A filosofia e seu ensino*. Petrópolis, RJ: Vozes; São Paulo: EDUC, 1995, p. 82.

que "a filosofia deve ser considerada no 2º grau como uma disciplina, ao nível das demais". Uma leitura das sentenças que aparecem na sequência permite a verificação de que tais sentenças fundamentam a ideia central anunciada e, assim, são premissas desta. Mas, poder-se-ia perguntar, qual o papel da última sentença, a saber, "Não há razão, pois, para ser tratada como uma atividade fora das contingências do currículo"? Não é difícil identificarmos, aqui, o "pois" como uma conjunção coordenativa conclusiva e, como tal, sinônimo de "portanto", anunciando uma conclusão. Uma conclusão que, no entanto, embasa a conclusão mais geral afirmada no início do excerto. A sentença final, dessa forma, pode ser avaliada como uma premissa não básica (ou conclusão intermediária), conforme definido na seção "Premissas e conclusões" do terceiro capítulo. Tem-se, finalmente, uma possível estrutura argumentativa para a citação estudada:

Premissa 1:	Como "disciplina", [a filosofia] é um conjunto específico de conhecimentos, com características próprias sobre ensino, formação, etc.
Premissa 2:	Diz respeito, hoje, mais a ideia de "exercício intelectual".
Premissa 3:	Como disciplina do currículo escolar, ela mescla conteúdo cultural, formação e exercício intelectual a partir de seus materiais, mecanismos e métodos, como qualquer outra disciplina.
Conclusão intermediária:	Não há razão para [a filosofia] ser tratada como uma atividade fora das contingências do currículo.
Conclusão:	A filosofia deve ser considerada no 2º grau como uma disciplina, no nível das demais.

Uma vez identificada a estrutura do argumento, pode-se, enfim, avaliar-lhe o caráter dedutivo. Por que dizemos que se trata de uma dedução? Porque a conclusão final foi extraída do encadeamento das premissas, de modo que se pretende que seja consequência lógica delas. Em outras palavras, espera-se que a suposta verdade das premissas sustente a necessidade da conclusão.

Passemos, então, ao exame de alguns tipos característicos de dedução. Tais tipos são recorrentes e, por serem válidos (em um sentido que ficará claro na subseção "Sobre verdade, validade e correção"), possuem nomes específicos.

Alguns tipos de dedução

(i) *Modus ponendo ponens.*

O primeiro tipo de dedução aqui estudado é conhecido como *modus ponendo ponens* ou, simplesmente, **modus ponens**.[35] Tomemos o seguinte argumento como exemplo:

Modus ponens:	Premissa 1:	Se esfriar, então colocarei um casaco.
	Premissa 2:	Está frio.
	Conclusão:	Colocarei um casaco.

Neste tipo de argumento, a primeira premissa é uma proposição condicional,[36] ou seja, uma proposição composta por duas

---

[35] O nome desse argumento deriva do latim *ponere*, que significa pôr, colocar, afirmar. A versão *ponendo ponens* indica que há uma dupla afirmação: afirma-se tanto na primeira quanto na segunda premissa. Logo, a expressão poderia ser traduzida do seguinte modo: "a maneira por meio da qual, afirmando, afirma-se".

[36] O significado e o valor de verdade das proposições condicionais foram estudados por filósofos e afins por muitos anos. Aristóteles já usara, nos *Primeiros analíticos*, a forma condicional da frase declarativa. Mas, apesar desse uso, não se deteve no estudo dela. Atribui-se a Diodoro Crono e Filo, discípulo deste, a alcunha de primeiros lógicos a discutirem a natureza das frases declarativas condicionais. Descrevem Kneale e Kneale (1991, p. 131) que "Outros lógicos juntaram as suas sugestões e a disputa acabou por ser tão conhecida na Antigüidade que Calímaco escreveu um epigrama em que diz 'até os corvos nos

outras proposições (no nosso exemplo, "esfriar" e "colocar um casaco"), conectadas por uma condição: acontecendo a primeira, a segunda ocorrerá. A proposição que estabelece a condição suficiente é dita antecedente; a que indica a condição necessária, consequente. Como a premissa 2 atesta que o antecedente ocorreu, então tem-se que necessariamente o consequente se cumpre.

(ii) **Silogismo hipotético.**

O nome como este argumento é conhecido na literatura indica que é um silogismo no sentido mais fraco do termo (um argumento com duas premissas e uma conclusão), composto por premissas hipotéticas e, como tais, condicionais.

Silogismo hipotético:	Premissa 1:	Se venta muito, então faz frio.
	Premissa 2:	Se faz frio, então fico resfriada.
	Conclusão:	Se venta muito, então fico resfriada.

O **silogismo hipotético** caracteriza-se pela transitividade da implicação (da condicional): a inferência da conclusão é necessária porque "faz(er) frio" decorre do fato de "ventar muito" (Premissa 1) e, ao mesmo tempo, é a condição para que "eu fique resfriada" (Premissa 2). A supressão desse elo entre as duas premissas permite que "ficar resfriada" seja consequência imediata de "ventar muito". Novamente, não há como supormos as premissas sem arcarmos, igualmente, com a conclusão.

---

telhados grasnam acerca da natureza das frases condicionais"'. Não nos ateremos aqui, contudo, aos problemas relacionados às possíveis interpretações das proposições condicionais. De qualquer forma, não importa de que tipo de condicional estamos falando, parece que o mínimo que um enunciado dessa natureza deve satisfazer é a regra de *modus ponens*.

Como se pode observar, as premissas que compõem um silogismo hipotético são ambas condicionais e guardam uma importante relação entre si: o consequente da primeira compreende exatamente o antecedente da segunda, o que permite o encadeamento entre elas e a extração da conclusão, constituída do antecedente da primeira premissa e do consequente da segunda.

(iii) *Modus tollendo tollens*.

Segue um exemplo do tipo argumentativo denominado de *modus tollendo tollens* (ou abreviadamente, **modus tollens**)[37]:

Modus tollens:	Premissa 1:	Se parir, então serei mãe.
	Premissa 2:	Não sou mãe.
	Conclusão:	Não pari.

Na premissa 1 tomada como exemplo, parir é condição suficiente para ser mãe (ou seja, sempre que eu parir, serei mãe), mas não é condição necessária. Isso significa que posso ser mãe por outras vias (como a adoção, por exemplo). Por outro lado, nesse caso, ser mãe é condição necessária de parir, pois se ser mãe não ocorre, então parir também não ocorre. E essa condição necessária é que permite, com base na premissa 2 (e obviamente da condicional enunciada na premissa 1), inferir a conclusão em questão. Portanto, é impossível supor (i) que se parir, serei mãe e (ii) que não sou mãe, e não concluir que não pari.

O *modus tollens* é caracterizado, pois, por ter uma proposição condicional como primeira premissa e a negação do consequente desta como segunda; por conseguinte, conclui-se a negação do antecedente da premissa 1. Em outras palavras,

---

[37] O nome *modus tollendo tollens* deriva do latim *tollere* e significa "tolher", "cortar", "negar". Nesse caso, há uma dupla negação (a segunda premissa e a conclusão), o que justifica a versão *tollendo tollens*.

se parir era a condição suficiente para ser mãe e não se foi mãe, então é necessário concluir que não se pariu.

(iv) Silogismo disjuntivo.

Tomemos um último exemplo (dos inúmeros existentes) de argumento dedutivo.

Silogismo disjuntivo:	Premissa 1:	Caso ou compro uma bicicleta.
	Premissa 2:	Não caso.
	Conclusão:	Compro uma bicicleta.

O **silogismo disjuntivo**, como o próprio nome sugere, é composto por uma disjunção como primeira premissa, ou seja, uma proposição composta por outras duas conectadas pela conjunção coordenativa disjuntiva "ou". Diz-se que uma disjunção é falsa se ambas as proposições que a compõem são concomitantemente falsas. Assim, "caso ou compro uma bicicleta" será falso se eu nem casar e nem comprar uma bicicleta. Como em um argumento lidamos com a suposta verdade das premissas, pensaríamos que a premissa 1 é verdadeira, bem como a premissa 2. Se, neste caso, não casei, então necessariamente comprei uma bicicleta (em caso contrário, a premissa 1 seria falsa!).

Todos os exemplos aqui usados para ilustrar argumentos dedutivos possuem uma característica comum: são argumentos válidos. Por hora, interessou-nos apenas mostrar que em um argumento dedutivo a conclusão é extraída do encadeamento direto das premissas e, portanto, é (ou pretende ser) necessária. A distinção entre validade e invalidade, por sua vez, será o mote da subseção procedente.

Sobre verdade, validade e correção

Usualmente, na linguagem ordinária, verdade e validade são tomadas como sinônimos. Diante de um bom argumento, diz-se que este é válido ou verdadeiro. Essa associação, contudo, não é correta do ponto de vista lógico. Isso porque verdade é propriedade de sentenças e validade, de argumentos, como especificaremos a seguir.

O primeiro exemplo de argumento dedutivo estudado nesta seção, a saber, "Todo homem é mortal; algum Sócrates é homem; logo, algum Sócrates é mortal", era composto por duas premissas ("Todo homem é mortal" e "Algum Sócrates é homem") e uma conclusão ("Algum Sócrates é mortal"). Tanto as premissas quanto a conclusão em questão são sentenças declarativas e, como tais, passíveis de valor de verdade: possuem a propriedade de serem verdadeiras ou falsas. Assim, em uma possível avaliação material desse argumento, poderíamos investigar se as sentenças que o compõem são de fato verdadeiras ou não.

Uma avaliação lógica do mesmo argumento, por outro lado, estaria preocupada não com a verdade efetiva das premissas e conclusão, mas com o encadeamento entre estas últimas. Dessa forma, a análise estritamente lógica pressupõe que as premissas são verdadeiras e investiga se a conclusão decorre ou não dessa suposta verdade. Nesse sentido, se a conclusão for inferida necessariamente das premissas, o argumento é dito **válido**; se, contrariamente, a suposta verdade das premissas não assegura a verdade da conclusão (embora o pretenda), o argumento é denominado **inválido**.

Ainda em relação ao argumento referente a Sócrates, podemos então afirmar que ele é válido, dado que a suposta verdade das premissas nos obriga a aceitar a conclusão como verdadeira. Dito de outra forma, é impossível que as premissas sejam verdadeiras e a conclusão, falsa. Ou, nas palavras de Mortari (2001, p. 19):

> Um argumento válido pode ser informalmente definido como aquele cuja conclusão é conseqüência lógica de suas premissas, ou seja, se todas as circunstâncias que tornam as premissas verdadeiras tornam igualmente a conclusão verdadeira. Dito

de outra maneira, se as premissas forem [supostamente] verdadeiras, não é possível que a conclusão seja falsa.

Por conseguinte, um argumento dedutivo é dito inválido se da suposta verdade das premissas não se pode assegurar a verdade da conclusão, como no seguinte exemplo, conhecido como **Falácia de afirmação do consequente**.[38]

Falácia de afirmação do seqüente:

Premissa 1:	Se ganhar na loteria esportiva, então ficarei rico.
Premissa 2:	Fiquei rico.
Conclusão:	Ganhei na loteria esportiva.

Note-se que, assim como comentado no argumento cuja primeira premissa era "se parir, então serei mãe", ganhar na loteria é condição suficiente (mas não necessária) para ficar rico. Isso porque é possível ficar rico de outras maneiras (embora não muitas!). Assim, ainda que consideremos que "se ganhar na loteria, ficarei rico" seja verdade, afirmar que se ficou rico não garante que o tenha sido por intermédio da loteria esportiva. Neste caso, é possível que as premissas sejam verdadeiras e a conclusão seja falsa. Estamos, desse modo, diante de um argumento dedutivo[39] inválido.

Estudemos, agora, um novo argumento em que a suposição das premissas não garante a verdade da conclusão e, ainda assim, o argumento é dedutivo. A conclusão do argumento abaixo enunciado é extraída, pretensamente, do encadeamento das premissas e espera-se, portanto, que esta seja necessária.

---

[38] Esse argumento é dito falacioso porque é inválido. Como veremos, essa constatação depende da avaliação da forma do argumento e, por conseguinte, a falácia em questão é um tipo de falácia formal. No capítulo V, estudaremos falácias que não dependem da forma lógica e, portanto, são ditas não formais.

[39] Deve-se ressaltar que o argumento permanece dedutivo, dado que há a pretensão de sustentar a necessidade da conclusão com base nas premissas; intenção, neste caso, não verificada.

No entanto, a conclusão – de fato – não é consequência das premissas, como podemos observar:

Premissa 1:   Todos os gatos são mamíferos.
Premissa 2:   Meus cachorros são mamíferos.
Conclusão: Meus cachorros são gatos.

Neste argumento, espera-se que haja um encadeamento entre as premissas a partir do termo comum entre elas, a saber, "mamíferos". Mas as premissas dizem respeito a dois grupos (dos gatos e dos cachorros) que pertencem à classe dos mamíferos, mas não necessariamente guardam outras relações além dessa. Dizer que tanto os gatos quanto os cachorros são mamíferos não significa afirmar que necessariamente meus cachorros são gatos. A conclusão, aqui, não está implícita no encadeamento das premissas (embora a formulação do argumento pretenda que isso ocorra). Nesse sentido, é possível que os gatos sejam mamíferos, meus cachorros sejam mamíferos e, concomitantemente, meus cachorros não sejam gatos (e, neste caso, de fato não o são!). O argumento, portanto, é dito inválido.

Há inúmeros outros tipos de argumentos dedutivos inválidos. Serão encadeados, na sequência, dois deles, apenas para que se reitere a explicação dada anteriormente.

Premissa 1:   Nenhum político é honesto.
Premissa 2:   Algum político não é safado.
Conclusão: Algum safado não é honesto.

O exemplo supracitado é mais difícil de ser intuitivamente declarado como inválido, mas o é. Ainda que consideremos que nenhum político é honesto e que algum político não é safado, dessas premissas não decorre que algum safado não seja honesto. A conclusão não é consequência lógica das premissas, visto que o encadeamento destas não garante a aceitação da conclusão. Há a possibilidade de provar formalmente essa invalidade, mas tal prova demandaria o conhecimento de algumas regras da lógica formal (por exemplo, da silogística aristotélica), o que não gostaríamos de pressupor. Segue o outro exemplo mencionado:

Premissa 1:   Trabalhadores são assalariados.
Conclusão: Trabalhadores são assalariados e bem-sucedidos.

Da suposta verdade que os trabalhadores são assalariados não se pode inferir de modo necessário que, além de assalariados, os trabalhadores são também bem-sucedidos.

Uma vez exemplificados alguns argumentos dedutivos, deve-se considerar uma característica fundamental da distinção entre validade e invalidade de um argumento, a saber, a forma lógica ou estrutura argumentativa.

Torna-se imprescindível entendermos que a validade (ou invalidade) de um argumento está intimamente relacionada à forma (estrutura) que ele tem, e não à verdade ou falsidade daquilo que é enunciado, como poderíamos (erroneamente) julgar. Verdade e falsidade, aliás, que são propriedades de sentenças (ou proposições), não de argumentos. À análise estritamente lógica, assim, não importa a verdade efetiva, mas a verdade suposta dos enunciados, dado que avalia a *forma argumentativa*.

> Para colocar isso de outro modo, a lógica não se interessa por argumentos específicos [...]: o que se procura estudar são as *formas* de argumento [...]; são essas formas que são válidas ou não. Costuma-se dizer, a propósito, que a lógica não se ocupa de conteúdos, mas apenas da forma – e eis a razão pela qual ela é chamada de *lógica formal* (MORTARI, 2001, p. 23).

Mortari (2001) atenta para o hábito que se tem de entender a Lógica apenas sob o seu viés formal e, nesse sentido, uma avaliação lógica de argumentos coincidiria com uma análise estrutural deles. Como colocado no terceiro capítulo, há ao menos três âmbitos de avaliação argumentativa e tal restrição ignoraria os demais tipos de exame. Neste momento, contudo, interessa-nos exatamente compreender o que significa atribuir uma forma a um argumento. Foi dito que a forma de um argumento compreende a estrutura dele. Deve-se acrescentar que, ao analisarmos a forma argumentativa, não nos preocupamos com os conteúdos enunciados e, nesse sentido, não nos importa a verdade (ou falsidade) efetiva daquilo que é defendido ou explicado. Por conseguinte, ao estruturarmos argumentos, percebemos que dois ou mais argumentos diferentes podem ter a mesma forma lógica.

A fim de ilustrar o que entendemos por forma lógica, enunciaremos a estrutura argumentativa dos exemplos clássicos de dedução trabalhados nesta seção. Para a primeira forma de argumento estudada, a saber, o silogismo categórico, consideremos A, B e C classes quaisquer. Temos então:

Silogismo categórico na forma AII-1: Premissa 1: Todo A é B.
Premissa 2: Algum C é A.
Conclusão: Algum C é B.

Note-se que quaisquer que sejam as classes pelas quais substituiremos A, B e C, o argumento permanecerá válido, ainda que as sentenças formadas por tais substituições expressem informações falsas do ponto de vista material.

A título de ilustração, considere A como a classe dos brasileiros, B a dos hipocondríacos e C a dos marcianos. Teríamos, pois: "Todo brasileiro é hipocondríaco; algum marciano é brasileiro; logo, algum marciano é hipocondríaco". Sem dúvida, algo que não gostaríamos de admitir, dado que tanto as premissas como a conclusão são proposições falsas (em algum sentido). Contudo, uma vez aceitas as premissas como hipoteticamente verdadeiras, deve-se aceitar igualmente a conclusão, dado que a forma do argumento em questão é válida.

Enfatizamos, destarte, que a noção de validade (e seu contraponto, a invalidade) depende da estrutura do argumento, e não da verdade daquilo que enuncia. Nesse sentido, prescinde de uma avaliação material, fundamentando-se, por outro lado, em uma análise formal.

Para as demais formas estudadas e aqui reproduzidas, tomemos A, B e C simplesmente como sentenças. Seguem-se as estruturas argumentativas em questão:

Modus ponens:	Premissa 1:	Se A então B.
	Premissa 2:	A.
	Conclusão:	B.
Silogismo hipotético:	Premissa 1:	Se A então B.
	Premissa 2:	Se B então C.
	Conclusão:	Se A então C.
Modus tollens:	Premissa 1:	Se A então B.
	Premissa 2:	Não B.
	Conclusão:	Não A.
Silogismo disjuntivo:	Premissa 1:	A ou B.
	Premissa 2:	Não A.
	Conclusão:	B.
Falácia de afirmação do consequente:	Premissa 1:	Se A então B.
	Premissa 2:	B.
	Conclusão:	A.

Foi mencionado que alguns argumentos inválidos também possuem formas conhecidas na literatura por nomes específicos. O argumento imediatamente acima compreende a estrutura lógica da falácia de afirmação do consequente e, como estudado, trata-se de uma forma inválida. As demais, também sabemos, são todas válidas. Uma vez definido e exemplificado o que se entende por argumento válido (e, consequentemente, por argumento inválido), pode-se explorar a noção de correção.

Um questionamento que poderia ser levantado neste momento diz respeito à distinção em lógica formal entre validade e verdade: nos terrenos filosófico, pedagógico, jurídico e científico (dentre tantos outros), um argumento válido constituído de premissas falsas pode ser considerado um bom argumento? De certo modo, aflige-nos a possibilidade de proferir bobagens com o aval da lógica...

Nos exemplos trabalhados, algumas premissas poderiam ser aceitas como verdadeiras sem grandes questionamentos. Outras, nem tanto. Observou-se que, em uma avaliação lógica, o foco recai exclusivamente sobre a suposta verdade das premissas – não havendo a preocupação com o exame material das sentenças. Em outras palavras, não importa a verdade efetiva dos enunciados (se as premissas são verdadeiras dos pontos de vista filosófico, pedagógico, jurídico, científico, religioso ou artístico), mas se uma vez aceitos os pressupostos, a conclusão é consequência ou não deles. Assim, um argumento pode ser válido (com encadeamento perfeito) e, todavia, ter premissas materialmente (de fato) falsas.

Embora a noção de validade não dependa da verdade efetiva das sentenças, há uma propriedade de argumentos dedutivos que relaciona verdade e validade. Trata-se da noção de *correção*. Deve-se lembrar que Aristóteles, fundador da lógica formal, desenvolveu o conteúdo do *Organon* (1986) com o intuito de oferecer uma ferramenta segura para a ciência. Mas o estagirita defendia que era insuficiente considerar a ciência do ponto de vista de sua coerência interna, ou seja, não era garantia de conhecimento verdadeiro a exclusiva consideração da estrutura ou forma lógica. Tornava-se necessário, igualmente, pensar sob o prisma da verdade das sentenças.

Desse modo, um bom argumento, segundo Aristóteles, seria o que chamamos de argumento **correto**: um argumento válido e que contém premissas verdadeiras (consequentemente, a conclusão será verdadeira também). Assim, um argumento será correto se respondermos afirmativamente a duas questões: (i) Todas as premissas do argumento são de fato verdadeiras? (ii) Se todas as premissas do argumento forem verdadeiras, a conclusão também será necessariamente verdadeira? (Ou seja, o argumento é válido?)

O exemplo de silogismo categórico usado por nós (e por 99% dos professores de Lógica) pode ser considerado correto se o prisma for o científico e o Sócrates em questão, um homem (e não um cachorro, por exemplo). Relembremos mais uma vez o argumento: "Todo homem é mortal; algum Sócrates é homem; logo, algum Sócrates é mortal". Na ocasião, dissemos que era impossível as premissas serem (hipoteticamente) verdadeiras e a conclusão, falsa. Portanto, trata-se de um argumento válido. Mas e a correção? Isso depende da verdade efetiva das premissas que o compõem.

Hoje (nada impede que em algumas décadas os cientistas criem a possibilidade de imortalidade para os humanos), de acordo com a ciência (algumas religiões, só para dar um contraexemplo, diriam que o homem é imortal, dada a crença na "vida eterna"), é verdade que os homens são mortais. E se – como já colocado – o Sócrates enunciado for um homem, então as premissas deste argumento são todas verdadeiras. Dado que o argumento é válido e possui premissas efetivamente verdadeiras, segue que ele é correto.

Retomando, um argumento correto é aquele que, além de válido, possui premissas verdadeiras. Decorre dessa definição a noção de incorreção. Um argumento é **incorreto** se, e somente se, é inválido e/ou possui ao menos uma premissa falsa. Desse modo, um argumento inválido com premissas falsas é incorreto; um argumento inválido com premissas verdadeiras também o é. E igualmente é incorreto um argumento válido com premissas (ou ao menos uma delas) falsas. Vejamos o seguinte exemplo[40]:

Premissa 1:   Toda loira é burra.
Premissa 2:   Alguma Patrícia é loira.
Conclusão: Alguma Patrícia é burra.

A conclusão "Alguma Patrícia é burra" está bem justificada pelas premissas? Se considerarmos que a premissa 1 "Toda loira é burra" é falsa, poderíamos afirmar que uma premissa falsa não é uma boa justificativa para outra proposição. No entanto – e este é o ponto de maior relevância a ser considerado –, se fosse verdade que toda loira é burra e alguma Patrícia fosse loira, *então* seríamos obrigados a aceitar que alguma Patrícia é burra. Deve-se notar que da suposta verdade das premissas extraímos com necessidade a verdade da conclusão. Por conseguinte, o argumento é considerado válido. A validade de um argumento, como visto, independe do conteúdo propriamente dito, uma vez que é estabelecida pela relação de necessidade entre premissa(s) e conclusão: é a estrutura (ou forma) do argumento que determinará se ele é válido ou inválido (e não, como comumente se supõe, o conteúdo declarado). Note-se, inclusive, que o argumento dado possui a mesma forma do silogismo categórico AII-1 anteriormente estudado.

Mas voltemos ao exemplo em questão. Os critérios para determinarmos a correção de um argumento são (i) a validade do mesmo e (ii) a constituição por proposições verdadeiras. Uma vez estabelecido que o argumento é válido, devemos atentar à verdade ou falsidade das proposições. Como mencionado no início do parágrafo precedente, é bastante plausível considerarmos a premissa "Toda loira é burra" como falsa, dado que – com

---

[40] Contra quaisquer manifestações contrárias ao exemplo, deve-se mencionar que a autora é loira e, consequentemente, trata-se de uma exemplificação usada jocosamente em sala de aula.

exceção do senso comum – nenhuma teoria de verdade atestou até hoje o referido por aquela. Por conseguinte, apesar de válido, o argumento sob análise é incorreto.

As noções de correção e incorreção exigem uma análise material dos argumentos, justificando a verdade das sentenças que os compõem segundo alguma teoria preexistente (seja esta científica, filosófica, religiosa, etc.). E mesmo entre as chamadas grandes áreas do conhecimento (a ciência, a filosofia, a religião, dentre outras) há inúmeras e fundamentais divergências: alguns postulados da ciência clássica diferem da contemporânea; as verdades do catolicismo são diferentes das espíritas; as bases epistemológicas da filosofia platônica não são as mesmas da aristotélica, da cartesiana ou da kantiana. Dada a complexidade e os pré-requisitos que uma análise material demanda, não faremos qualquer menção a esta que não a sua contribuição na definição de argumento correto.[41] Passemos, então, ao estudo dos argumentos indutivos.

Argumentos indutivos

> Os criadores das teorias físicas mais importantes, como Newton, Maxwell e Einstein [...] parecem, às vezes, ter algo em comum com o artista – e de fato têm: com base em elementos (experimentos, leis, hipóteses,...) de âmbito mais ou menos restringido, edificam teorias cujo escopo vai muito além do que os dados pareciam autorizar, assemelhando-se mais a criadores do que a descobridores, onde o gênio e a inspiração despontam, lembrando o ato criador do artista. Em síntese: Não haveria ciência empírica se os cientistas procurassem empregar unicamente formas válidas de inferências (DA COSTA, 1993, p. 22).

A construção de um argumento com base na relação de necessidade estabelecida entre premissas e conclusão é característica de inferências dedutivas. Alguns argumentos

---

[41] Para o leitor interessado em um esboço dos principais tipos de teorias da verdade, bem como em uma indicação da maneira como eles se relacionam, recomenda-se o sétimo capítulo da obra de Haack (2002, p. 127-184), intitulado "Teorias da Verdade".

não pretendem que a suposta verdade das premissas assegure a verdade necessária da conclusão – a conclusão, neste caso, é apenas *provavelmente* verdadeira. Ou, nas palavras de Nolt e Rohatyn (1991, p. 401), "num raciocínio indutivo interessa-nos a probabilidade da conclusão, dadas as premissas, isto é, a probabilidade indutiva de um argumento". Tais argumentos cuja conclusão é provável a partir da(s) premissa(s) são ditos **indutivos** e serão estudados na sequência.

Como referido na epígrafe que abre esta seção, o emprego na ciência empírica de raciocínios que não são formalmente válidos é não somente usual, como necessário. E esse uso não se restringe ao terreno científico. Na mesma obra, Da Costa (1993, p. 21-22) afirma que "se uma pessoa quisesse fazer apenas inferências válidas em seu dia-a-dia, provavelmente não sobreviveria muito tempo. Todas as inferências realmente importantes da vida comum constituem paralogismos", isto é, raciocínios falsos quanto à sua forma. Em outras palavras, tem-se que grande parte dos argumentos cotidianos não é dedutiva e não pode ser avaliada como tal. A maior parte dos argumentos ordinários é indutiva, como o exemplo abaixo estruturado:

Premissa 1:	O remédio R curou a gastrite do paciente A.
Premissa 2:	O remédio R curou a gastrite do paciente B.
Premissa 3:	O remédio R curou a gastrite do paciente C.
Premissa 3:	O remédio R curou a gastrite do paciente D.
Premissa 5:	O remédio R curou a gastrite do paciente E.
Conclusão:	O remédio R cura gastrite.

Neste exemplo, nota-se que foram analisados cinco casos particulares em que o remédio R foi bem-sucedido na cura da gastrite. Com base nessa amostragem, generalizou-se a informação obtida nas premissas, atestando que o remédio R é bem-sucedido na cura de gastrite. Uma conclusão provável, sem dúvida, mas não necessária. Isso porque um único caso averiguado em que o remédio R não surtisse o efeito desejado seria suficiente para falsear a conclusão pretendida. Observa-se, assim, que aumentar o número de premissas atestando a mesma conclusão aumenta a força indutiva desta, mas *não a torna necessária*: se 10 mil casos fossem analisados e em todos eles o remédio R tivesse curado os respectivos pacientes, mais confiança depositaríamos no tal remédio, mas o grau de certeza da conclusão permaneceria provável – mais provável que no exemplo inicial (com apenas cinco premissas), mas ainda suscetível de ser refutado por um paciente não curado pelo remédio em questão. (Apenas a análise da totalidade dos possíveis casos do uso do remédio R permitiria inferirmos necessariamente a conclusão; neste caso, porém, uma tal inferência não mais seria indutiva.)

Nota-se, pois, uma característica da indução distinta da dedução: em um argumento indutivo, o acréscimo de premissas modifica a força indutiva, podendo tanto aumentá-la (como acima explicado) como diminuí-la (ao inserir-se, por exemplo, uma premissa que contrarie a conclusão pretendida). Por outro lado, por depender da forma lógica, a validade de um argumento dedutivo não sofre qualquer alteração com o acréscimo de premissas no dado argumento.

Mas voltemos à indução, mote desta seção. Na tentativa de ilustrar a inferência indutiva com base em um texto um pouco mais elaborado, recorreremos a um relato feito por Ricardo Zorzetto para a *Revista Pesquisa FAPESP* de janeiro de 2010, no qual o autor descreve os resultados de uma pesquisa realizada na Faculdade de Medicina Veterinária da Universidade de São Paulo.

> Os danos da fome não são determinados apenas pelo teor de calorias consumidas. [...] Roedores mantidos sob uma dieta pobre em proteínas na fase crucial do desenvolvimento do sistema nervoso apresentaram redução no tamanho e no número de neurônios que controlam o funcionamento do intestino delgado, a porção do sistema digestivo responsável pela absorção de nutrientes. No Laboratório de Estereologia Estocástica e Anatomia Química (LSSCA) da Faculdade de Medicina Veterinária da Universidade de São Paulo, a equipe do estereologista Antonio Augusto Coppi alimentou por seis

semanas ratos com duas dietas distintas. Nos 21 dias da gestação e nos primeiros 21 dias de vida, um grupo consumiu a ração tradicional (com 20% de proteína), enquanto o segundo recebeu uma ração com idêntico valor calórico, mas só 5% de proteína. As conseqüências da dieta pobre em proteínas impressionam. Houve uma redução de 63% no número de neurônios do gânglio celíaco dos animais que consumiram menos proteínas, em comparação com os tratados com a ração normal. Situado no abdômen, esse gânglio controla a motilidade gastrointestinal e, indiretamente, a absorção de nutrientes. Além de se encontrarem em quantidade menor, os neurônios restantes eram em média 24% menores (atrofiados) do que os dos ratos tratados com níveis normais de proteína. O gânglio celíaco encolheu 78%. [...] A abordagem da equipe do LSSCA pode ajudar a desfazer um antigo dogma da biologia: o de que a carência de proteínas não diminui o número de neurônios do intestino.

Na pesquisa aqui relatada procura-se concluir que, ao contrário de um antigo dogma da biologia, a carência de proteínas diminui o número de neurônios do intestino e, nesse sentido, "os danos da fome não são determinados apenas pelo teor de calorias consumidas". Essa conclusão foi obtida com base em experimentos feitos com dois grupos de ratos, alimentados com dietas distintas. Vê-se, na transcrição da pesquisa, que os resultados obtidos desses experimentos foram generalizados, fundamentando a conclusão. Esta, por sua vez, é provável: apesar de científica, não se pretende necessária. Por conseguinte, trata-se de uma inferência indutiva.

A fim de mostrar a riqueza da lógica indutiva e oferecer algumas exemplificações desta, serão explicados alguns dos tipos mais usuais de indução (que não requerem familiaridade com cálculos lógicos), quais sejam: (i) a indução por enumeração, (ii) a analogia e (iii) a inferência estatística. Para tanto, tomaremos as obras de Da Costa (1993) e de Nolt e Rohatyn (1991) como principais referências bibliográficas.[42]

---

[42] Nas referidas obras, o leitor poderá ainda encontrar explicações para outros tipos de indução, como os métodos de eliminação de Bacon e Mill e o método hipotético-dedutivo, os quais não serão aqui apresentados.

Alguns tipos de indução

(i) Indução simples ou indução por simples enumeração

A **indução simples** é caracterizada pela enumeração dos elementos de determinada *amostra* de um conjunto e a constatação de uma propriedade comum a todos estes, seguida da inferência de que *todos* os elementos do conjunto em questão possuem a dada propriedade. Ou, nas palavras mais técnicas de Da Costa (1993, p. 24-25):

> Este tipo de inferência indutiva tem a forma: Se $a_1, a_2,...,a_n$ são elementos da classe A e constatamos que todos eles pertencem a outra classe B, então, supondo-se que não se conhece nenhum elemento de A que não pertença a B, conclui-se que todo A é B. [...] No fundo, a indução simples se resume no seguinte: de uma dada amostra, $\{a_1, a_2,...,a_n\}$, da população A, desde que todos os seus componentes sejam membros de B e não se conheçam quaisquer elementos de A que não sejam B, conclui-se que toda a população A compõe-se de membros de B.

Dessa forma, na indução simples analisa-se uma considerável amostra de casos particulares que tenham certa característica e conclui-se (desde que não haja exemplos contrários) que toda a classe a que pertence essa amostra possui, igualmente, a dada característica. A fim de oferecer uma exemplificação para o que denominamos de indução simples, recorreremos ao clássico exemplo usado por Popper (1993).

Até o século XVII, todos os cisnes até então vistos eram da cor branca. Nesse sentido, toda a amostra $\{a_1, a_2,...,a_n\}$ da população A de cisnes tinha a propriedade "ser da cor branca". Como não se conhecia cisne algum que não fosse branco, era legítimo concluir que toda a população A de cisnes (inclusive os ainda não observados) gozava da mesma propriedade e, portanto, era da cor branca. Uma inferência indutiva legítima a partir das premissas existentes.

Alerta-nos Da Costa (1993, p. 24) que "esta maneira de raciocinar evidentemente não é válida", isto é, da suposta verdade das premissas (todos os cisnes até então vistos serem brancos) não se pode concluir necessariamente que todos os cisnes são brancos. Constatação semelhante foi feita por Popper (1993, p. 28) cerca de trinta anos antes: "Independentemente de quantos casos de cisnes brancos possamos observar, isso não justifica a conclusão de que todos os cisnes são brancos". Essa afirmação, contudo, é mais forte do que a primeira, visto que enquanto Popper critica veementemente a possibilidade de aceitação da inferência indutiva, Da Costa apenas adverte que não se trata de um raciocínio válido (no sentido estritamente lógico). Poderia, pois, ser cabível e avaliado diferentemente dos argumentos dedutivos válidos.

Voltemos ao exemplo dos cisnes. No século XVII, um cisne de cor preta foi encontrado na Austrália, o que acabou por refutar (ou ao menos restringir) a conclusão indutiva inicial, a saber, a de que "todos os cisnes são brancos". Esse caso elucida o fato que "uma indução simples pode ser correta e possuir premissas verdadeiras, embora tenha como conclusão uma proposição [que será avaliada posteriormente como] falsa" (DA COSTA, 1993, p. 25). A despeito dessa constatação, incontáveis teorias e leis científicas são frutos de inferências indutivas simples, as quais obedecem ao que chamamos de *princípio de indução*. Este é extremamente caro à Lógica e à Filosofia da Ciência e, portanto, será (ainda que brevemente) discutido na última subseção deste capítulo. Na sequência, porém, trataremos de um outro tipo comum de indução.

(ii) Indução por analogia

O raciocínio por analogia é bastante próximo daquele que caracteriza a indução por enumeração. Na **indução analógica**, as premissas afirmam que duas ou mais coisas são semelhantes sob determinado aspecto; afirma-se, igualmente, que uma – ou mais delas (desde que não a totalidade das coisas comparadas) – possui dada propriedade; conclui-se, então, que todas as coisas em questão possuem a tal propriedade.

Novamente recorreremos a Da Costa (1993, p. 25) para definir a indução analógica de modo mais rigoroso:

> Suponhamos que os elementos $x_1, x_2,...,x_k$, todos possuindo a propriedade P, possuam, também, a propriedade Q; então, se x_{k+1} possuir P, concluímos que ele possui Q. Tal é o raciocínio por analogia, que apresenta parentesco íntimo com a indução simples. Ao primeiro, aplica-se tudo o que se disse sobre a última. Dependendo de P (a propriedade analógica) e de condições que variam segundo o caso particular que se estiver tratando, a analogia constitui forma de inferência realmente importante, muito usada na vida diária, na ciência e na tecnologia.

A importância da inferência analógica no cotidiano é também defendida por Copi (1978, p. 314):

> A maioria das nossas inferências cotidianas é feita por analogia. Assim, infiro que um novo par de sapatos me servirá bem, na base de que outros pares de sapatos, anteriormente comprados na mesma loja, me serviram bem. [...] A analogia constitui o fundamento da maior parte dos nossos raciocínios comuns, na qual, a partir de experiências passadas, procuramos discernir o que nos reservará o futuro.

Uma vez indicado o constante uso da indução por analogia, torna-se preciso exemplificar com um caso. Consideremos, para tanto, que cachorros das raças Retriever do Labrador (ou Labrador) e Pastor Alemão são notáveis por sua inteligência, amabilidade e obediência. Sabe-se, ademais, que os labradores são excelentes cães de caça. Conclui-se, por analogia, que os pastores alemães são igualmente ótimos cães de caça.

Recuperando-se o processo de inferência subjacente ao exemplo dado, poderíamos estruturar o seguinte argumento por analogia:

Premissa 1:   Labradores e pastores alemães são cães inteligentes.
Premissa 2:   Labradores e pastores alemães são cães amáveis.
Premissa 3:   Labradores e pastores alemães são cães obedientes.
Premissa 4:   Labradores são excelentes cães de caça.
Conclusão: Pastores alemães são excelentes cães de caça.

Logo, como lavradores e pastores alemães têm várias características comuns e os lavradores possuem uma outra propriedade (a de serem ótimos cães de caça), conclui-se analogicamente que os pastores alemães também possuem a dada propriedade.

Uma vez definida e exemplificada a indução por analogia, passemos ao exame da inferência estatística.

(iii) Inferência estatística

Afirma Da Costa (1993, p. 26): "A estatística invadiu praticamente toda ciência empírica e a tecnologia de modo que o raciocínio indutivo constitui, sem sombra de dúvida, um dos componentes fundamentais das ciências empíricas [...]". Afirma também que "o termo é demasiado técnico".

A escolha que fizemos acerca do modo (prioritariamente) informal com o qual os conceitos lógicos seriam tratados neste livro impede que possamos abordar a estatística do ponto de vista mais matemático. Daí que a explicação sobre as inferências estatísticas não será tão minuciosa quanto as anteriores.[43]

Diferentemente das induções simples ou por analogia, as quais pressupõem que o universo (ou, ao menos, parte dele) é provavelmente uniforme (ou constitui uma lei), em **argumentos estatísticos** "as premissas [...] sustentam sua conclusão através de razões puramente estatísticas ou matemáticas" (NOLT; ROHATYN, 1991, p. 408). Por terem ' pressuposto a uniformidade supracitada, as induções simples e analógicas são ditas "argumentos *humeanos*, em homenagem ao filósofo escocês David Hume, o primeiro a estudá-los detalhadamente e questionar essa pressuposição" (NOLT; ROHATYN, 1991, p. 408).

Talvez a forma mais elementar de raciocínio estatístico seja aquele que afirma que, dado que uma porcentagem de uma

---

[43] Da Costa (1993, nota da p. 26) indica, para uma exposição introdutória da inferência estatística, o capítulo 11 da obra de Kyburg (1970). Em Nolt e Rohatyn (1991), explicações mais técnicas e variados exemplos são igualmente encontrados.

classe de objetos (seja esta classe composta por pessoas, coisas, animais, árvores, etc.) possui certa propriedade A e que se sabe que X é um determinado elemento dessa classe, tem-se que este mesmo X possui a dada propriedade A. Nota-se que essa inferência estatística em sua formulação mais simples compreende, de alguma forma, a inserção da estatística na indução simples, anteriormente estudada.

A inferência estatística é, como afirmado no início desta subseção, extremamente usual. Seja por razões de custo, seja de prazos ou de impossibilidades de qualquer outra natureza, muitas vezes não se tem como avaliar todos os elementos da classe de objetos sob estudo e, portanto, com base em uma amostra, conclui-se sobre a totalidade mediante a inferência estatística. Em outros casos, tem-se uma estatística sobre um conjunto de elementos e pode-se inferir a probabilidade de um desses elementos.

A fim de ilustrar os tipos de inferência estatística, vejamos dois exemplos desse modo de inferência indutiva. Primeiramente, suponha que, na primavera, 80% das árvores deem flores. Como os ipês são árvores, conclui-se que os ipês dão flores na primavera. Esse tipo de argumento é conhecido como **silogismo estatístico**, por usar a estatística em um típico argumento silogístico. Neste caso, com base na estatística relativa a um conjunto (o das árvores), inferiu-se uma conclusão sobre um elemento desse conjunto (a saber, o elemento *ipê*).

Vejamos, agora, um exemplo similar (por ser estatístico), mas estruturalmente diferente. Supondo-se que 80% das árvores (dos mais diferentes tipos) avaliadas em uma amostra deem flores na primavera, conclui-se, novamente por indução estatística, que 80% das árvores dão flores na primavera. Esse segundo exemplo é conhecido como **generalização estatística**, pois a porcentagem observada em uma amostra da população é estendida (generalizada) para toda a população (seja esta de pessoas, coisas, animais... ou árvores).

Sobre a distinção entre o silogismo e a generalização indutivos, segue a explicação de Nolt e Rohatyn (1991, p. 416):

> Silogismo estatístico é uma inferência que parte das estatísticas relativas a um conjunto de indivíduos, para uma conclusão (provável) sobre algum elemento desse conjunto. Generalização estatística, pelo contrário, parte de estatísticas relativas a um subconjunto, selecionado ao acaso, de um conjunto de indivíduos para uma conclusão (provável) sobre a composição de todo o conjunto.

Dessa forma, tem-se que a estatística permeia parte das inferências indutivas, mas há tipos diferentes de inferência estatística: o silogismo e a generalização estatísticos. Enquanto argumentos do primeiro tipo possuem premissas que trazem estatísticas de um conjunto de coisas, animais, etc. e têm como conclusão informações (prováveis) relativas a um elemento do dado conjunto, as generalizações estatísticas, como o próprio nome sugere, generalizam com base na estatística relativa a uma amostra ou subconjunto.

A distinção entre o silogismo e a generalização estatísticos, ambos inferências indutivas, permite-nos reiterar uma colocação feita no início deste capítulo: há induções que não são generalizações. O silogismo estatístico é um exemplo disto! Daí a objeção inicial à definição usual de indução que a correlaciona à generalização.

Uma vez definidos e exemplificados alguns dos mais recorrentes tipos de indução, serão apresentadas, na próxima subseção, possibilidades de caracterizar os argumentos indutivos.

Sobre argumentos indutivos fortes e convincentes

Na subseção "Sobre verdade, validade e correção", discutiu-se a independência em Lógica entre a verdade de fato das proposições e a validade dos argumentos. Ao argumento que além de válido contém sentenças verdadeiras dá-se o nome de *correto*. Em relação aos argumentos indutivos, como visto, não se pode falar de validade, dado que esta se relaciona à necessidade da conclusão com base na(s) premissa(s) e, sabe-se, a conclusão indutiva é sempre provável. Logo, não se pode igualmente atribuir o adjetivo *correto* a um argumento indutivo. Fica a pergunta: Quais os termos com os quais usualmente nomeamos os argumentos indutivos?

Costuma-se dizer que um argumento indutivo é **forte** se, e somente se, dada a suposta verdade das premissas, a conclusão é provável. Se, por outro lado, a conclusão não é provavelmente verdadeira com base na suposta verdade das premissas, então o argumento é dito **fraco**.

> A idéia é que um argumento é indutivamente forte se suas premissas dão um certo grau de apoio, mesmo que menos do que um apoio conclusivo, a sua conclusão: isto é, se é *improvável* que suas premissas sejam verdadeiras e sua conclusão, falsa. (Note-se que se se colocam as coisas desta forma, todos os argumentos dedutivamente válidos seriam considerados indutivamente fortes. A validade dedutiva será um caso limite da força indutiva, no qual a probabilidade de as premissas serem verdadeiras e a conclusão falsa é zero) (HAACK, 2002, p. 44).

Afirma Haack, portanto, que a força ou a fraqueza de um argumento indutivo é atribuída, respectivamente, de acordo com a probabilidade ou improbabilidade da conclusão. Ademais, atenta-se para uma interessante decorrência desta caracterização: se um argumento indutivo forte é aquele cuja conclusão é provável com base nas premissas dadas e um argumento dedutivo válido é aquele cuja conclusão decorre necessariamente das premissas, então um argumento dedutivo válido é um caso limite de argumento indutivo forte, dado que é cem por cento provável!

Observação feita, poder-se-ia perguntar quais os critérios para a determinação da força de um argumento indutivo. Cabe à lógica indutiva oferecer as regras que permitem avaliarmos a força de uma indução, de modo similar ao que as lógicas dedutivas fazem com relação à noção de validade ou consequência lógica. Segundo Haack (2002, p. 30), as lógicas indutivas "procuram formalizar uma noção de suporte análoga, porém mais fraca que a de conseqüência lógica". Todavia, adverte a autora, "[...] não há nenhum sistema formal de lógica indutiva que tenha algo que se aproxime do tipo de consolidação (*entrenchment*) de que goza a lógica clássica dedutiva" (p. 44). Em outras palavras, tem-se que os padrões dedutivos de avaliação lógica são mais rigorosos que aqueles desenvolvidos pelas lógicas indutivas.

Outro questionamento possível diz respeito a uma possível correlação entre a força indutiva e a verdade efetiva das proposições que compõem o argumento indutivo. Assim como temos o termo *correto* para denotar as deduções válidas com premissa(s) de fato verdadeira(s), usa-se o termo **convincente** para uma indução forte com premissa(s) de fato verdadeira(s). As observações feitas sobre as noções de correção e incorreção[44] são aqui recuperadas para as noções de argumento convincente e não convincente: à medida que exigem uma avaliação material de argumentos, visando justificar a verdade ou a falsidade das sentenças que os compõem, o estabelecimento do caráter de convencimento de um argumento perpassa necessariamente as teorias de verdade, devendo alguma destas ser preestabelecida. Novamente, não faremos qualquer menção a elas, sugerindo – para aqueles que o queiram – o capítulo sétimo da obra de Haack (2002).

Para finalizar a seção sobre argumentos indutivos, será exposto um clássico problema da literatura lógico-filosófica, a saber, o *problema da indução*.

Sobre o princípio e o problema da indução

Esta subseção está dividida em três partes: na primeira, o princípio de indução é enunciado e discutido; na segunda, apresenta-se a impossibilidade de justificação do princípio indutivo com base na lógica dedutiva; na terceira, por fim, discorre-se sobre o clássico problema da indução – a impossibilidade de justificação do princípio em questão a partir da experiência.

---

[44] Cf., neste mesmo capítulo IV, a subseção "Sobre verdade, validade e correção".

(i) O princípio de indução

O **princípio de indução** sintetiza a inferência indutiva simples e pode ser assim enunciado: "Se um grande número de As foi observado sob uma ampla variedade de condições, e se todos esses As observados possuíam sem exceção a propriedade B, então todos os As têm a propriedade B" (CHALMERS, 1993, p. 27).[45]

O princípio de indução busca legitimar a generalização, satisfazendo as condições necessárias para que se possam extrair afirmações gerais de afirmações singulares. Exige-se, pois, que (i) o número de eventos relacionados seja grande, (ii) tenha sido observado sob uma ampla variedade de condições e (iii) não haja um caso observado que conflite com a conclusão geral obtida (não haja uma exceção).

A primeira condição para a generalização consiste, como supracitado, na exigência de que deve ser grande o número de eventos observados, visto que a não consideração da mesma incorre na possibilidade de extrairmos conclusões precipitadas.[46] A observação de um único caso pode não ser suficiente para atestar que a propriedade observada ocorre em todos os elementos da referida classe. Sobre essa condição mais algumas considerações serão feitas adiante.

Em relação às demais condições atestadas pelo princípio de indução, a saber, a necessidade de observação sob uma ampla

---

[45] Russell (2008, p. 125) já apresentara definição similar: "Pode-se chamar ao princípio que estamos a examinar *princípio da indução* e as suas duas partes podem ser formuladas como se segue: a) Quando se descobriu que uma coisa de um certo gênero A está associada a uma coisa de outro gênero B, e nunca se a viu dissociada de uma coisa do gênero B, quanto maior for o número de casos em que A e B estão associados, maior a probabilidade de estarem associados num caso novo no qual uma delas se saiba presente; b) Nas mesmas circunstâncias, um número suficiente de casos de associação tornará a probabilidade de uma nova associação quase uma certeza, e fará que se aproxime da certeza sem limite".

[46] No capítulo V, sobre falácias não formais, verificaremos que a não obediência desta condição incorrerá em uma *falácia de acidente convertido* (ou *generalização apressada*).

variedade de condições e a exigência de não contradição entre as proposições observadas e a conclusão universal derivada, vejamos a explicação de Chalmers (1993, p. 27):

> "Todos os metais se expandem quando aquecidos" será uma generalização legítima apenas se as observações de expansão nas quais é baseada estenderem-se sobre uma ampla variedade de condições. Vários tipos de metais devem ser aquecidos, barras de aço longas, barras de aço curtas, barras de prata, barras de cobre etc. devem ser aquecidas à baixa e à alta pressão, altas e baixas temperaturas, e assim por diante. Se, em todas essas ocasiões, todas as amostras aquecidas de metal se expandirem, então, e somente então, é legítimo generalizar, a partir de uma lista resultante de proposições de observação [afirmações particulares estabelecidas a partir dos sentidos, referentes a uma ocorrência específica num lugar e tempo específicos] para a lei geral. Além disso, é evidente que, se uma amostra específica de metal não for observada expandir-se quando aquecida, a generalização universal não será justificada.

Assim, as observações devem ser feitas sob uma ampla variedade de condições e não deve haver contradição entre o que foi observado e a conclusão derivada. Neste caso, se um único exemplo de observação contradisser a generalização obtida, esta última não se justifica, não podendo ser aceita.

Voltemos, agora, à primeira condição estabelecida para uma indução satisfatória, a saber, a exigência de que os eventos observados sejam em grande número. Pergunta-se: Quão grande deverá ser esse número? Isso fica a cargo da comunidade científica (ou qualquer outra que utilize a inferência indutiva) determinar: Quantos testes devem ser feitos antes de determinado remédio ser liberado? Quantos corpos foram observados por Galileu para que este afirmasse que os corpos, no vácuo, caem com a mesma velocidade independentemente de suas massas? Quantas vezes o Sol teve que nascer para que pudéssemos afirmar que o Sol nasce todo o dia? Esta última colocação merece especial atenção.

Poderíamos reconhecer, subjacente à pergunta "quantas vezes o Sol teve que nascer para que pudéssemos afirmar que o sol nasce todos os dias?", o seguinte argumento: "Dado que o Sol sempre nasceu até hoje, conclui-se que o Sol nasce todos os dias". Neste caso, poucos admitiriam duvidar que a conclusão em questão é segura ou necessária. Mas, por ser fruto de generalização, tal conclusão é de fato apenas provável. Claro que, neste caso, a probabilidade beira os cem por cento, mas não o pode alcançar, pois – do ponto de vista lógico – as premissas não garantem a necessidade da conclusão.

Este exemplo indutivo foi amplamente discutido pelo matemático, filósofo e lógico inglês Bertrand Russell (2008, p. 120-121):

> É óbvio que se nos perguntarem porque acreditamos que o Sol irá nascer amanhã, responderemos, naturalmente: "Porque sempre nasceu todos os dias". Temos uma crença firme de que irá nascer no futuro porque nasceu no passado. Se nos desafiarem a dizer por que acreditamos que continuará a nascer como até agora, podemos apelar às leis do movimento [...]. A dúvida interessante é se as leis do movimento continuarão a operar até amanhã. Se se levantar esta dúvida, ficamos na mesma posição em que estávamos quando a dúvida sobre o nascimento do Sol foi levantada.
>
> A única razão para acreditar que as leis do movimento permanecerão em operação é que operaram até agora, tanto quanto o nosso conhecimento do passado nos permite ajuizar. É verdade que temos um maior corpo de indícios do passado a favor das leis do movimento do que a favor do nascimento do Sol, pois o nascimento do Sol é apenas um caso particular de cumprimento das leis do movimento, havendo inúmeros outros casos particulares. Mas a verdadeira questão é esta: Há *algum* número de casos de uma lei cumprida no passado que constitua indício de que será cumprida no futuro? Se não, torna-se claro que não temos qualquer fundamento para esperar que o Sol nasça amanhã, ou para esperar que o pão que iremos comer na nossa próxima refeição não nos irá envenenar, ou para qualquer das outras expectativas quase não conscientes que controlam as nossas vidas diárias. Observe-se que todas estas expectativas são apenas *prováveis*; por isso, não temos de procurar uma prova de que *têm* de ser cumpridas, mas apenas uma razão a favor da perspectiva de que é *plausível* que sejam cumpridas.

Uma vez que a conclusão indutiva não se pretende necessária, mas apenas provável, a apreciação de argumentos indutivos incide sobre a maior ou menor probabilidade com que suas conclusões são estabelecidas. Não discutiremos, aqui, algumas das condições que reforçam ou enfraquecem a conclusão indutiva. Para tanto, o leitor pode consultar um dos capítulos que Copi (1978, p. 313-328) escreveu sobre indução.

Interessa-nos, neste momento, discutir outra observação sobre o princípio de indução aqui trabalhado. Especificamente, apresentar a explicação acerca da impossibilidade de justificação do princípio em questão.

Se o princípio indutivo é o que legitima as generalizações (como a obtenção de leis e teorias a partir da observação de casos particulares), a justificação do próprio princípio passa a ser de fundamental importância. No entanto, as tentativas de justificá-lo não foram – historicamente – bem-sucedidas.

Mostraremos, na sequência, os argumentos que defendem a impossibilidade de justificação do princípio indutivo tanto em bases lógicas quanto em bases experimentais.

(ii) A impossibilidade de justificação do princípio de indução a partir do recurso à lógica (dedutiva)

A justificação do princípio de indução pelo recurso à lógica dedutiva não encontra sustento. Isso porque um argumento dedutivo válido, como estudado, é caracterizado como aquele no qual a suposta verdade das premissas implica com necessidade a verdade da conclusão. Os argumentos indutivos, por outro lado, não são logicamente válidos: de premissas verdadeiras não se inferem indutivamente conclusões necessariamente verdadeiras – em um argumento indutivo a conclusão pode ser falsa apesar das premissas serem verdadeiras e de não haver contradição alguma envolvida.

Tomemos como exemplo a ilustração de Chalmers (1993, p. 37-38), o qual faz referência ao relato de Bertrand Russell sobre o "peru indutivista":

> Esse peru descobrira que, em sua primeira manhã na fazenda de perus, ele fora alimentado às 9 da manhã. Contudo, sendo um bom indutivista, ele não tirou conclusões apressadas. Esperou até recolher um grande número de observações do fato de que

era alimentado às 9 da manhã, e fez essas observações sob uma ampla variedade de circunstâncias, às quartas e quintas-feiras, em dias quentes e dias frios, em dias chuvosos e dias secos. A cada dia acrescentava uma outra proposição de observação à sua lista. Finalmente, sua consciência indutivista ficou satisfeita e ele levou a cabo uma inferência indutiva para concluir: "Eu sou alimentado sempre às 9 da manhã". Mas, ai de mim, essa conclusão demonstrou ser falsa, de modo inequívoco, quando, na véspera do Natal, ao invés de ser alimentado, ele foi degolado. Uma inferência indutiva com premissas verdadeiras levara a uma conclusão falsa.

A conclusão "sou alimentado sempre às 9 horas da manhã" com base na consideração de um grande número de eventos observados sob uma ampla variedade de condições é, do ponto de vista indutivo, perfeitamente legítima. Embora destituída de qualquer garantia lógica (dedutiva): o próximo evento assistido foi a degola do peru. Neste caso, a conclusão inicial seria falsa, embora a inferência indutiva feita na ocasião fosse legítima, pois satisfazia os critérios exigidos pelo princípio de indução. Critérios que talvez fossem outros se o peru indutivista conhecesse a canção de Natal da tira de Fernando Gonsales.[47]

Crédito: Fernando Gonsales/Folhapress

Canção de Natal dos perus à parte, pode-se dizer que, em suma, a distinção entre dedução e indução impede que a inferência indutiva (legitimada pelo princípio de indução) seja justificada pelo encadeamento necessário da dedução.

---

[47] GONSALES, Fernando. Níquel Náusea. *Folha de S. Paulo*, Caderno Ilustrada, Quadrinhos. São Paulo, sábado, 20 fev. 2010.

Outro modo de constatar a impossibilidade de justificação do princípio de indução pela lógica parte da afirmação de que uma vez aceitas as premissas da dedução lógica como verdadeiras, a conclusão deveria ser igualmente aceita como tal. A conclusão da dedução lógica segue da certeza (ainda que hipotética) de suas premissas, sendo necessário à generalização conclusiva que se tenha também generalização em suas premissas. Em outras palavras, não existe argumento dedutivo válido com conclusão universal que não possua ao menos uma premissa universal. Logo, a inferência indutiva não pode corresponder à dedução lógica: como a conclusão legitimada pelo princípio indutivo é uma generalização, não se pode deduzi-la a não ser de outras generalizações – acarretando uma regressão ao infinito.

Assim, resta a tentativa de mostrar que o princípio de indução pode ser derivado da experiência. Tentativa igualmente malsucedida.

(iii) A impossibilidade de justificação do princípio de indução a partir da experiência (ou o problema da indução).

O argumento proposto (que busca provar que o princípio de indução pode ser derivado da experiência) consiste na observação do funcionamento do princípio de indução em um grande número de ocasiões e na consequente conclusão de que, desse modo, o princípio de indução é sempre bem-sucedido.

Vejamos a explicação de Chalmers (1993, p. 38) para a derivação do princípio indutivo a partir da experiência:

> Como seria uma tal derivação? Presumivelmente, seria semelhante a esse fato. Observou-se que a indução funciona num grande número de ocasiões. As leis da ótica, por exemplo, derivadas por indução dos resultados de experimentos de laboratório, têm sido usadas em numerosas ocasiões no projeto de instrumentos óticos, e esses instrumentos têm funcionado satisfatoriamente. Mais uma vez, as leis do movimento planetário, derivadas de observações de posições planetárias, etc.,

têm sido empregadas com sucesso para prever a ocorrência de eclipses. Esta lista poderia ser largamente estendida com relatos de previsões e explicações bem-sucedidas tornadas possíveis por leis e teorias científicas derivadas indutivamente. Dessa maneira, o princípio de indução é justificado.

Qual o problema dessa explicação? Um leitor atento notará que o argumento empregado na justificação consiste, ele próprio, em um argumento indutivo (cuja legitimidade se está procurando justificar). A justificação do princípio indutivo a partir da indução compreende um argumento circular – mostrando o apelo à experiência ser igualmente problemático. Este círculo vicioso que surge ao se tentar justificar o princípio indutivo por meio da experiência empregando um raciocínio indutivo é conhecido na literatura filosófica como **o problema da indução**.

A demonstração da justificação do princípio indutivo a partir da experiência foi amplamente estudada por David Hume, em meados do século XVIII. Embora o filósofo em questão não tenha usado a palavra indução em suas obras, acabou por discutir as justificativas racionais para as inferências indutivas em seus textos sobre o conhecimento, concluindo que não há justificativa para elas:

> Todos os argumentos prováveis estão fundados na suposição de que existe conformidade entre o futuro e o passado e logo não podem provar tal suposição. Essa conformidade é uma questão de fato e, se tiver que ser provada, não admitirá outra prova senão aquela extraída da experiência. Mas a nossa experiência do passado não pode provar nada para o futuro, a não ser com base na suposição de que existe uma semelhança entre passado e futuro. Portanto, este é um ponto que absolutamente não admite prova alguma e que nós damos por aceito sem qualquer prova (HUME *apud* NICOLA, 2005, p. 289).

Com base nas referidas citações de Chalmers e Hume, a forma do argumento de justificação do princípio indutivo a partir da experiência pode ser assim expressa:

Premissa 1:   O princípio de indução foi bem na ocasião x.
Premissa 2:   O princípio de indução foi bem na ocasião x + 1.

Premissa 3:   O princípio de indução foi bem na ocasião x + 2.
...
Premissa n: O princípio de indução foi bem na ocasião x + (n-1).
Conclusão: O princípio de indução é sempre bem-sucedido.

Novamente recorreremos à explicação de Chalmers (1993, p. 38-39) para atestar a impossibilidade do uso do argumento em questão:

> Uma lei universal assegurando a validade do princípio de indução é aqui inferida de várias afirmações singulares registrando bem-sucedidas aplicações passadas do princípio. O argumento é portanto indutivo e assim não pode ser usado para justificar o princípio de indução. Não podemos usar a indução para justificar a indução.

Logo, a justificação do princípio de indução por meio do apelo à experiência não é aceita, como já defendia Hume, dado que a mesma é circular.

Dessa forma, embora amplamente utilizado tanto nas fundamentações acadêmicas quanto científicas, o princípio que legitima a indução não é, ele mesmo, passível de justificação. Não obstante, diversos autores (dentre eles Strawson, Mill, Russell e Carnap) procuraram resolver o problema da indução e, segundo Da Costa (1993, p. 38), "todas as tentativas de solução do problema de se justificar a inferência indutiva falharam. Daí, afigurar-se natural indagar: É o problema da indução um problema genuíno? E, em caso afirmativo, tem ele solução?".

Defende Da Costa (1993, p. 39-44) que se trata de um problema não somente genuíno, como passível de solução. Não cabe no escopo deste livro a exposição da argumentação em questão, a qual é apresentada pelo autor no quarto capítulo da obra *Lógica indutiva e probabilidade* (1993).

***

Embora clássicos, os dois padrões dedutivo e indutivo de avaliação de argumentos explorados neste capítulo não são, para alguns autores, únicos. O filósofo norte-americano Charles Sanders Peirce (1839-1914), por exemplo, considera que há três formas de inferência: a dedução, a indução e abdução.[48] Sobre tais, afirma Maranhão (2006, p. 273):

> Dedução é um argumento logicamente válido: a conclusão é necessariamente verdadeira, desde que as premissas também o sejam. A conclusão de uma indução não é válida no mesmo sentido, mas as premissas oferecem-lhe algum grau de probabilidade. [...]
> A abdução, por sua vez, não traz nenhuma conclusão necessária, nem uma conclusão com suporte probabilístico. Sua conclusão é tão-somente uma hipótese que possivelmente explica as premissas, ou seja, a partir de uma observação ou resultado (ex: o chão está molhado) e uma regra ou teoria subjacente (ex: quando chove, o chão é molhado), levanta-se a hipótese mais plausível (ex: choveu). [...] Os critérios normalmente utilizados em lógicas abdutivas são: a coerência com o conjunto de evidências, o poder explicativo de um maior número de eventos e a simplicidade.

Assim, um **argumento abdutivo** é constituído por uma evidência (que pode ser um fato ou um conjunto de fatos), por hipóteses alternativas para a dada evidência e por uma avaliação do valor de tais explicações. A conclusão de uma abdução, por conseguinte, é a de que a melhor hipótese explicativa é provavelmente verdadeira. Por isso, Harman (1965), ao discutir as inferências abdutivas, acabou por renomeá-las de inferências da melhor explicação.

Vejamos outro exemplo para ilustrar a abdução. A partir da observação (fato) de que fulano está bronzeado e da regra que diz que sempre que tomamos sol ficamos bronzeados, levantamos a hipótese (mais plausível) de que o fulano em questão tomou sol.

Usaremos o exemplo supracitado, agora, para outra finalidade: a comparação entre os três tipos de inferência aqui mencionados. Podemos – de modo simplista – construir o seguinte quadro:

---

[48] Cf. Peirce, *Collected Papers*, 1935-1953, particularmente 6.525 e 5.189.

	Dedução	Indução	Abdução
Regra: Sempre que tomamos sol ficamos bronzeados.	Premissa	Conclusão	Premissa
Caso: Fulano tomou sol.	Premissa	Premissa	Conclusão
Resultado: Fulano ficou bronzeado.	Conclusão	Premissa	Premissa

Nota-se que há uma inversão dos papéis das sentenças de acordo com os tipos de argumento analisados: o resultado tido como conclusão na dedução assume o papel de premissa nos demais argumentos; a conclusão indutiva é a regra (generalização) e a abdutiva, o caso tomado como melhor explicação. Sobre inferências abdutivas, o leitor poderá recorrer às já referidas obras de Peirce (1935-1953) e Harman (1965), bem como à de Josephson e Josephson (1994).

Além da possibilidade, segundo alguns pensadores, de outras formas de inferência (como a abdução), já salientamos que há uma série de problemas relacionados à distinção entre dedução e indução, dos quais lógicos e filósofos se ocupam. Não obstante, trata-se de uma distinção clássica na literatura lógico-filosófica e, ademais, são inúmeras as menções aos argumentos dedutivos e indutivos na linguagem coloquial, na matemática[49] e no meio educacional. Daí o propósito do capítulo que aqui se encerra.

---

[49] Vale observar que, em matemática, demonstrações por indução NÃO constituem raciocínios indutivos. Ao contrário, o princípio de indução (finita), em matemática, é um teorema (portanto, obtido dedutivamente) da teoria usual de conjuntos. São inúmeras as chamadas "provas matemáticas por indução" (cf. POLYA, 1990). Por exemplo, pode-se provar por indução que a soma dos n primeiros números ímpares consecutivos é sempre igual a n^2. De fato,

$1 = 1^2$

$1+3 = 4 = 2^2$

$1+3+5 = 9 = 3^2$

No entanto, a prova de que $1+3+5+...+2n-1 = n^2$ ($n \geq 1$) é feita não tomando como premissas as sentenças acima (o que constituiria um argumento indutivo), mas por uma aplicação direta do princípio de indução finita (cf. HALMOS, 1970).

Capítulo V

Incorreção lógica: as falácias não formais[50]

No senso comum, denomina-se **falácia** qualquer equívoco; analogamente, atribui-se o adjetivo falaz àquilo que é enganoso ou fraudulento. Do ponto de vista lógico, falácia é um tipo de raciocínio incorreto. Alguns autores acrescentariam: um argumento que, embora incorreto, é convincente (por ser, justamente, enganoso), acréscimo que não gostaríamos de supor. Tal suposição implicaria discussões que não queremos introduzir, tais como as que versam sobre persuasão, convencimento e intenção de enganar. Seguiremos, pois o sentido empregado por Nolt e Rohatyn (1991, p. 344-345):

> O estudo das falácias [...] aguça a intuição ao elucidar os erros mais comuns do raciocínio usual.
>
> Falácias (num sentido amplo) são erros que ocorrem nos argumentos e que afetam sua irrefutabilidade. Em latim, o verbo *fallere* significa "falir". Argumentos falaciosos são enganosos, pois parecem ser, superficialmente, bons argumentos. Contudo, o engano não é uma condição necessária de uma falácia, da maneira que este termo é aqui empregado. Sempre que raciocinamos inválida ou irrelevantemente, ou seja, aceitamos premissas que não deveríamos, ou não fazemos uso adequado dos fatos relevantes à nossa disposição, cometemos uma falácia.

---

[50] Parte dos conteúdos deste capítulo foi apresentada na comunicação "Proposta para o ensino de falácias não formais", proferida no II Simpósio Sobre Ensino de Filosofia – Simphilo, promovido pela Faculdade de Educação da Unicamp e realizado nos dias 9, 10 e 11 de dezembro de 2009. O texto-base da comunicação foi publicado nos anais do encontro.

Tomaremos falácia, assim, como sinônimo de um erro de raciocínio que acaba por tornar o argumento que contém (ou enuncia) tal erro passível de refutação.[51] Levando em conta a etimologia, consideraremos os argumentos falaciosos como falhos. O engano não será, pois, uma condição necessária para a delimitação do raciocínio falaz.

Dentre as falhas possíveis de um argumento está a invalidade. Logo, aos argumentos que são inválidos dá-se o nome de falácias. Neste caso, diz-se que são falácias formais, visto que a invalidade depende, dentre outros fatores, da identificação da forma lógica.[52] Chamam-se também falácias formais os argumentos válidos que contêm premissas falsas,[53] como o exemplo dado que fazia referência às loiras, às burras e à Patrícia. Destarte, pode-se simplesmente dizer que uma **falácia formal** é um argumento logicamente incorreto, sendo o termo incorreto usado na acepção discutida na subseção "Sobre verdade, validade e correção" do capítulo IV.

Não obstante, há argumentos falaciosos que não dependem da forma lógica, ou seja, argumentos que são errôneos ou incorretos sob uma perspectiva não formal, não estrutural. Por conseguinte, esses argumentos não demandam que conheçamos regras de validade definidas em algum sistema lógico. Por fazerem parte do escopo lógico (informal) pretendido neste livro, apenas esses tipos não formais de falácias serão aqui estudados.[54]

---

[51] A noção de falácia "[...] pode ser imputada a raciocínios (dedutivos ou indutivos) num sentido muito mais amplo do que aquele que têm o que em lógica chamamos argumentos" (SÀÁGUA, 2006, p. 328). Logo, consideraremos falaciosos tanto raciocínios quanto argumentos.

[52] Cf. a subseção do capítulo IV intitulada "Sobre verdade, validade e correção".

[53] Nolt e Rohatyn (1991) consideram as falácias com premissas falsas como uma categoria diferente daquela das falácias formais, pois não restrita à lógica formal. Não seguiremos, pois, a classificação sugerida pelos autores supramencionados.

[54] Para conhecer algumas falácias formais (como as de *composição* e *divisão*), o leitor poderá recorrer às seções "Falácias formais", de Nolt e Rohatyn (1991, p. 380-386) e "Composição e divisão", de Walton (2006, p. 179-183).

Uma vez restringido nosso objeto de análise às falácias cuja avaliação prescinde do conhecimento prévio de regras lógicas formais, uma problemática faz-se presente: a escolha de uma das classificações usuais para as falácias em questão. Como atestam Nolt e Rohatyn (1991, p. 345), com relação às **falácias não formais** "não há uma classificação das falácias universalmente aceita".[55] Neste caso, dado que não pretendemos esgotar o assunto, tampouco aprofundarmo-nos nele,[56] enunciaremos algumas falácias que julgamos mais corriqueiras e, obviamente, mais conhecidas, sem nos preocuparmos em classificá-las segundo os critérios usuais (falácias de relevância,[57] de indução,[58] de pressuposição,[59] de ambiguidade,[60] etc.). Não obstante, alguma menção às referidas classificações será feita em determinados casos.

---

[55] Copi (1978, p. 73) afirma algo praticamente idêntico: "Não há uma classificação universalmente aceita das falácias". Mas complementa: "A situação não é surpreendente; como disse acertadamente um dos primeiros lógicos modernos, De Morgan: 'Não *há* coisa alguma que possa ter o nome de uma classificação dos modos como os homens chegam a um erro; e é muito duvidoso que *possa haver* alguma'".

[56] Aos leitores que se interessarem pelo assunto deste capítulo, indicamos as obras de Copi (1978), Nolt e Rohatyn (1991) e Walton (2006), sendo esta última, completamente dedicada à lógica informal e, consequentemente, a um estudo minucioso das falácias. Na bibliografia desta obra de Walton, encontramos também uma vastíssima referência sobre o assunto, mas, infelizmente, apenas em língua inglesa.

[57] Identificam-se **falácias de relevância** "[...] quando as razões aduzidas são logicamente irrelevantes para o que se pretende justificar, embora possam ser psicologicamente relevantes" (SÀÁGUA, 2006, p. 328).

[58] As **falácias de indução** são aquelas "[...] nas quais as premissas, embora não sendo irrelevantes para a conclusão, não são suficientes para justificar (metaforicamente: não são suficientemente fortes para basear a conclusão)" (SÀÁGUA, 2006, p. 329).

[59] As **falácias de pressuposição** são aquelas "[...] nas quais as justificações (p. ex., as premissas de dado argumento) pressupõem aquilo que elas devem justificar (p. ex., a conclusão de um dado argumento)" (SÀÁGUA, 2006, p. 329).

[60] As **falácias de ambiguidade** ocorrem "quando se tira partido da ambigüidade de sentido de certas expressões para promover uma conclusão" (SÀÁGUA, 2006, p. 330).

Antes de iniciarmos propriamente a exposição das falácias não formais, uma última observação: é habitual nos textos lógicos a menção aos nomes latinos de determinadas falácias. Acompanharemos, portanto, essa tradição e ofereceremos, igualmente, os respectivos nomes em língua portuguesa.

* * *

O argumento *ad baculum* ou **de recurso à força** (ou ainda, **de apelo à força**) ocorre à medida que há o apelo à força ou há a intimidação (ameaça de força) para que se estabeleça a conclusão desejada. "*Ad baculum* significa, literalmente, 'com o báculo ou porrete'" (WALTON, 2006, p. 130).

Vejamos algumas ocorrências da falácia de recurso à força: alguns cabos eleitorais, em certas regiões do país, "recordam" ao eleitor que determinado candidato é o mesmo que distribui cestas básicas e pode deixar de fazê-lo caso este eleitor não dê àquele o seu voto; um professor, diante de alunos que dele discordam, argumenta que quem atribui a nota é ele. Nota-se que, em todos os casos oferecidos como exemplo, a persuasão (ou aceitação da conclusão) é baseada em ameaça, em vez de premissas logicamente relevantes.

Outrossim, lembremos o argumento *ad baculum* proferido contra Galileu Galilei (1564-1642):

> O Santo Ofício transmitiu a sua sentença à Congregação do Índex. Em 3 de março de 1616, tal Congregação emitiu a condenação do copernicanismo [segundo o qual o Sol é o centro do universo e a Terra – que não é o centro – se move]. Nesse meio tempo, em 26 de fevereiro, por ordem do papa, o cardeal Belarmino advertia Galileu para que abandonasse a idéia copernicana e o instava, sob pena de prisão, "a não ensiná-la e não defendê-la de nenhum modo, nem com a palavra nem com os escritos" (REALE; ANTISERI, 2004, p. 205).

Mais uma vez, o recurso à força é evidente: sob pena de prisão, Galileu foi obrigado a abjurar, fato que só ocorreu em 22 de junho de 1633, data em que foi novamente interrogado e, desta vez, condenado. Impossível não observarmos que o apelo à força pode, felizmente, não ser tão persuasivo...

Por fim, a tirinha da série Mundo Monstro, de Adão Iturrusgarai,[61] também ilustra a ocorrência de um argumento de recurso à força:

Uma vez explicitada a falácia de recurso à força, passemos ao exame do argumento *ad ignorantiam* (ou **pela ignorância**). Essa falácia ocorre sempre que se procura estabelecer uma proposição como verdadeira recorrendo ao fato de essa mesma proposição nunca ter sido demonstrada falsa ou, inversamente, procurando-se mostrar a falsidade de uma proposição com base no fato de esta nunca ter sido provada verdadeira. Assim, pode-se dizer que "o *argumento ad ignorantiam* é um argumento que tem uma das seguintes formas: (1) Não se sabe se a proposição A é verdadeira. Logo, ela é falsa. (2) Não se sabe se a proposição A é falsa. Logo, ela é verdadeira" (WALTON, 2006, p. 59-60). Como "nossa ignorância para provar ou refutar uma proposição não basta, evidentemente, para estabelecer a verdade ou falsidade dessa proposição" (COPI, 1978, p. 77), o uso dessa mesma ignorância para tal finalidade mostra-se inadequado e, portanto, falacioso.

Pensemos, pois, em assuntos sobre os quais somos ignorantes. Um exemplo clássico é o da existência ou não de vida

---

[61] ITURRUSGARAI, Adão. Mundo monstro. *Folha de S. Paulo*, Caderno Ilustrada, Quadrinhos. São Paulo, quarta-feira, 10 set. 2008.

em outros planetas. Comete-se a falácia pela ignorância quando se defende a não existência de vida em outros planetas dada a ausência de provas em contrário; comete-se a mesma falácia, igualmente, à medida que se defende a existência de vida em outros planetas por não ter sido provado o contrário.

Deve-se lembrar, porém, que o argumento pela ignorância não é falacioso no cenário jurídico: toda pessoa é considerada inocente até que se prove o contrário. Assim, não é falacioso inocentar um réu por ausência de provas que o incriminem. Ou nas palavras de Walton (2006, p. 64),

> [...] o Código Penal presume que ninguém é culpado até prova em contrário. Essa é uma forma de argumento *ad ignorantiam*, mas que pode ser razoável no contexto das regras de argumentação do direito penal. Nesse contexto, o ônus da prova cabe à acusação, que deve provar que o réu é culpado *sem deixar nenhuma dúvida razoável*. [...] Esse padrão é assim tão rigoroso para evitar que um inocente seja considerado culpado num julgamento criminal. Essa possibilidade é considerada mais grave do que a possibilidade de alguns culpados serem inocentados.

Exceção feita ao cenário jurídico, nos demais contextos a ignorância sobre determinado assunto não justifica que se prove ou se refute uma proposição baseada neste assunto. Portanto, argumentos baseados na ignorância são considerados falaciosos.

Os argumentos ***ad verecundiam*** ou falácias de **apelo à autoridade**, por sua vez, consistem no apelo ao respeito ou admiração por pessoas famosas para a comprovação de determinada proposição em uma área distinta daquela em que esses famosos sobressaíram. O uso do testemunho de um especialista em um assunto para o assentimento de uma conclusão em assuntos outros (que não o da especialidade em questão) compreende, pois, uma falácia *ad verecundiam*.

> A expressão *argumentum ad verecundiam* significa literalmente "argumento da modéstia", e foi manifestamente usada pela primeira vez por John Locke, ao se referir a um tipo de erro ou tática ardilosa que pode ser usado por uma pessoa ao discutir com outra [...], "para conseguir a aquiescência" dessa outra pessoa ou para "silenciar sua oposição" (WALTON, 2006, p. 242).

Segundo Walton (2006), o filósofo John Locke, em passagem do *Ensaio sobre o entendimento humano*, afirma que é considerado falta de modéstia não acreditar ou questionar aqueles que gozam de algum tipo de autoridade; não afirma, porém, que todos os argumentos que apelam à autoridade são falaciosos. O recurso à autoridade configura-se como falacioso se procura "suprimir o questionamento crítico da outra parte" (WALTON, 2006, p. 243).

Ainda segundo Walton (2006, p. 250-253), há três erros comuns nos argumentos que recorrem a autoridades.

> Em primeiro lugar, um apelo a uma autoridade a respeito de uma questão alheia à sua especialidade pode ser considerado um argumento falho. [...] Em segundo lugar, às vezes o apelo à autoridade é tão vago que o nome do especialista não é nem mesmo citado e o campo de especialidade não é identificado. [...] Em terceiro lugar, outro erro do apelo à autoridade ocorre quando o suposto especialista, embora tenha seu nome identificado, não é uma autoridade de verdade. É o caso de alguém que é citado por ser considerado um formador de opinião devido à popularidade ou ao prestígio pessoal.

Vejamos, pois, cada qual. O primeiro erro usual em recorrer à autoridade consiste em buscar atestar uma ideia exclusivamente com base na anuência de uma autoridade em um campo diverso daquele em questão. Nesse sentido, a inserção das opiniões de determinado chefe de estado em uma discussão sobre moda ou futebol configura-se como apelo à autoridade. O segundo erro, por sua vez, diz respeito às ocasiões em que se argumenta "segundo especialistas", sem qualquer outra menção a *quais* especialistas ou, ao menos, à referida área de especialização. O terceiro e último erro que culmina na falácia de apelo à autoridade consiste na utilização de pessoas com apelo popular para atestar uma ideia ou produto. Inúmeros exemplos podem ser extraídos dos meios publicitário e televisivo: atrizes famosas (e macérrimas) anunciam cervejas que não bebem; campeões olímpicos vendem desde carros até empreendimentos imobiliários; personalidades de Hollywood são convidadas especiais de mesas-redondas sobre meio ambiente; o rei do futebol divulga cartão de crédito, operadora de celular, plano de saúde... e esponja de aço![62]

Outro tipo de falácia bastante recorrente (neste caso, nos meios jurídico e policial) é denominado **pergunta complexa**. Essa falácia consiste em usar perguntas que são – como o próprio nome sugere – conjunção de outras. Por conseguinte, tais questionamentos não admitem apenas "sim" ou "não" como resposta, dado que, ao fazê-lo, responde-se necessariamente (e, às vezes, inadvertidamente) a duas perguntas. Exemplifiquemos: qualquer resposta simples ("sim" ou "não") à pergunta complexa "Você continua usando drogas ilícitas?" deixará o interrogado em uma posição nada cômoda: o "sim" enunciará que o sujeito não somente usou, como continua usuário (e não tem problema em confessar); o "não", por outro lado, atesta que o acusado não mais faz uso de drogas ilícitas, mas já o fez (e talvez não o quisesse admitir).

Em tempos de lei seca, o motorista e o passageiro de determinado veículo são interrogados. O policial questiona primeiro o passageiro: "Você também está bêbado?". As meras respostas "sim" ou "não" dirão respeito não somente às suas (passageiro) condições físicas, mas às do motorista também. E, em ambas as possíveis respostas simples, o passageiro confessará a embriaguez (ainda que não caracterizada) daquele que dirigia o automóvel.

---

[62] Campanha publicitária "Pelé é 10", criada pela agência W/Brasil para a BOMBRIL. Disponível em: <comunicadores.info/2007/04/28/bombril-eterno/>. Acesso em: 27 jun. 2010.

Segundo Walton (2006, p. 43), toda pergunta possui pressupostos e, portanto, este não é o ponto central para caracterizar a falácia de pergunta complexa.

> Até mesmo uma pergunta como "2 é um número?" pressupõe que existem números e que 2 é o tipo de coisa que pode ser um número. Até a pergunta mais inocente contém pressupostos, que nem sempre são um problema nem uma indicação de que tal pergunta seja, de alguma forma, suspeita ou falaciosa.

Onde, então, estaria o caráter falacioso de uma pergunta se todas as perguntas contêm pressupostos? O próprio autor em questão responde:

> A *falácia das perguntas múltiplas* (*perguntas complexas*) ocorre quando uma pergunta é feita de maneira abertamente agressiva, pressupondo comprometimento com respostas anteriores a perguntas que ainda não foram feitas. A estratégia enganadora consiste em preparar uma armadilha ou confundir o oponente, levando-o a incorrer em comprometimentos prejudiciais que podem ser usados para derrotá-lo (WALTON, 2006, p. 26).

Vê-se, assim, que o tom agressivo e a intenção de ludibriar o interlocutor caracterizam uma pergunta como propriamente falaciosa: uma pergunta complexa. Por conseguinte, a fim de evitar ser vítima de perguntas desse tipo, deve o leitor solicitar ao interlocutor (sempre que possível) que a pergunta seja dividida. Respondendo-a separadamente com base nas partes que a compõem, elimina-se o comprometimento indesejável com quaisquer de seus pressupostos.

O argumento *ad misericordiam* ou **apelo à piedade** é caracterizado (como o nome afirma) pelo apelo à misericórdia ou à compaixão alheia para a sustentação de dada conclusão. Não é incomum depararmos com alunos que, para pedir revisão de nota, apelam ao professor procurando sensibilizá-lo com uma lista infindável de problemas pessoais: sacrificam o cachorro, desmancham noivados, internam a avó.

As falácias de apelo à piedade são recorrentes nos tribunais de justiça. Muitas vezes, defende-se um réu apelando-se à compaixão dos membros do júri em detrimento da análise e discussão dos fatos. Copi (1978, p. 79) conta-nos um caso extremo de uso da falácia em questão no meio jurídico:

> O *argumentum ad misericordiam* é usado, por vezes, de maneira ridícula, como o caso daquele jovem que foi julgado por um crime particularmente brutal, o assassinato de seu pai e de sua mãe, com um machado. Diante de provas esmagadoras, solicitou piedade do tribunal na base de que era órfão.

Há outro tipo de falácia que também recorre ao apelo emocional. Neste caso, contudo, a tentativa de despertar compaixão dirige-se às massas, às multidões.

> A falácia *ad populum* (ao povo) é tradicionalmente definida como o apelo ao entusiasmo coletivo ou a sentimentos populares com o intuito de ganhar aceitação para uma conclusão que não se sustenta em boas provas (WALTON, 2006, p. 116).

Define-se um argumento ***ad populum*** (ou **apelo ao povo**), pois, como aquele que procura conseguir a concordância popular por meio do apelo às paixões e aos ânimos.

Nolt e Rohatyn (1991, p. 357) encontram uma analogia possível entre as falácias de apelo ao povo e à autoridade:

> Argumentos *ad populum* (apelo ao povo) ocorrem quando inferimos uma conclusão pelo fato de que a maioria das pessoas a aceita. Essa falácia tem a forma:
>
> X diz que P.
>
> Portanto, P.
>
> que é análoga ao apelo à autoridade. Entretanto, 'X' neste caso representa a opinião da maioria e não de uma pessoa especializada (ou glamourosa) ou de uma minoria.

Encontram-se nas propagandas e nos discursos demagogos diversos exemplos de argumentos *ad populum*. No primeiro caso, produtos são anunciados sob a alegação de que "são os melhores porque são os que mais vendem"; no segundo, políticos pedem votos com base na alocução de que "todo mundo" vota nele. Todavia, o uso em massa de um produto e a grande aceitação popular de um candidato não demonstram que ambos – produto e candidato – são, de fato, melhores. E nem ao menos que são bons!

Da explicação precedente, tem-se que tanto o slogan da campanha das havaianas ("Havaianas: todo mundo usa") quanto o da campanha de 2008 da candidata Beth Sahão à prefeitura de Catanduva ("Vote Beth prefeita. Todo mundo vota. Vota, vota, vota, vota. Vote Beth Prefeita, Catanduva vota") cometem a falácia de apelo ao povo.

Poderíamos, então, perguntar: Qual o erro característico do argumento *ad populum*? A aceitação de que a opinião da maioria determina a veracidade de uma proposição – eis a resposta. Ademais, há o mau uso do apelo emocional, também característico da falácia de apelo à piedade.

> O *argumentum ad misericordiam* é o apelo à piedade, e o *argumentum ad populum* é o apelo às emoções, ao entusiasmo e aos sentimentos coletivos de uma platéia. Essas duas formas de apelo emocional são consideradas falácias quando o participante as usa para impor uma conclusão sem que tenha cumprido a obrigação de justificá-la através de provas fortes e pertinentes ao ônus da prova. O apelo emocional é usado para disfarçar a falta de provas sólidas a favor de uma alegação quando uma dessas falácias é perpetrada (WALTON, 2006, p. 27-28).

Destarte, a utilização do apelo emocional não é, em si, falaciosa. Torna-se uma falácia à medida que é usada inadequadamente, ou seja, em detrimento da tentativa de provar racional e pertinentemente a almejada conclusão.

> Embora se desconfie da emoção [...] deve ficar claro que não há nada de falacioso *per se* num apelo à emoção. O medo é uma emoção valiosa para a sobrevivência. A piedade pode motivar uma ajuda humanitária a alguém que está sofrendo. No entanto, como somos tão fortemente levados pelos sentimentos, pode lhes ser atribuído um peso indevido na argumentação, o que tende a levar a certos erros.
>
> O erro básico que se deve procurar num apelo à emoção é o de não-pertinência. É preciso determinar qual é ou deveria ser

a questão de um determinado argumento e depois avaliar se o apelo emocional é pertinente a ela (WALTON, 2006, p. 146).

O excerto acima citado confirma, assim, a tese segundo a qual o uso desvirtuado da emoção é que causa as falácias emocionais (apelo à piedade e ao povo). A piedade, por exemplo, pode ser bem empregada como base de um pedido de indulgência – auxiliando na tomada de decisões a esse respeito. Dessa forma, a não pertinência do apelo emocional é que se configura como erro argumentativo. Evitam-se as falácias emocionais ao especificar, primeiramente, o cerne de um argumento e, só então, avaliar – no caso dado – a pertinência (ou não) de se apelar às emoções.

Já a falácia de **petição de princípio** vem da expressão latina *petitio principii*, a qual pode ser traduzida como "pedir aquilo que está em questão". Essa falácia consiste, pois, no uso da própria conclusão (mascarada) como uma premissa do mesmo argumento. São os conhecidos raciocínios circulares, como explicam Nolt e Rohatyn (1991, p. 364):

> Raciocínio circular (também chamado de *petitio principii* e *incorrer em petição de princípio*) ocorre quando um argumento assume sua própria conclusão. Esse argumento é sempre válido (pois se as suposições são verdadeiras, então a conclusão, sem dúvida, deve ser verdadeira!) e não há falta de relevância[63] (o que pode ser mais relevante para um enunciado do que seu próprio enunciado?). Contudo, isso é inútil para provar a conclusão.

Tem-se, assim, que argumentos que adotam a conclusão antecipadamente como premissa são falaciosos, pois tal medida não compreende uma boa prova para a inferência pretendida. Embora argumentos que incorrem em petição de princípio sejam válidos (como acima citado por Nolt e Rohatyn, a conclusão decorre, necessariamente, da suposta verdade das premissas,

---

[63] Adverte-se que se Nolt e Rohatyn (1991) não veem irrelevância em petições de princípio, o mesmo não vale para Copi (1978), o qual as classifica justamente como um dos tipos de falácias de relevância.

uma vez que a conclusão *é* uma das premissas), são constituídos por premissas que não oferecem credibilidade à conclusão. E isso é facilmente constatável, como veremos na sequência.

Considerando o contexto argumentativo, tem-se que ou a conclusão já é reconhecidamente verdadeira ou não o é. No primeiro caso, não há por que procurar demonstrar uma conclusão sabidamente verdadeira, como o faz um argumento *petitio principii*. No segundo caso, se a conclusão não é tida previamente como verdadeira, incluí-la como premissa (incorrendo em petição de princípio) compreenderia assumir um pressuposto não verdadeiro (ou, ao menos, dúbio), o que, de qualquer modo, não forneceria credibilidade à premissa, tal como esperado desta. Vê-se, assim, que é inútil assumir uma conclusão (seja ela verdadeira ou não) como premissa em um mesmo argumento. Posição também defendida por Walton (2006, p. 73):

> A petição de princípio é uma falha no diálogo persuasivo porque o argumento circular é inútil quando se quer persuadir alguém a aceitar uma conclusão com base em premissas com que ele está, ou pode ficar, comprometido. Como prova persuasiva, a petição de princípio é um argumento condenado desde o início.

A fim de oferecer provas cabíveis a determinada conclusão (e lembrando o significado do latim *petitio principii*), deve-se partir de premissas que estabelecem algo que, em algum sentido, *não* está em questão.

Como exemplo, pode-se citar argumentos (estranhos) como: "Cinco é a raiz quadrada de vinte e cinco; daí, cinco é a raiz quadrada de vinte e cinco" ou o famoso slogan publicitário "Tostines é fresquinha porque vende mais ou vende mais porque é fresquinha?". Em outras ocasiões, o raciocínio circular envolve uma cadeia de argumentos (e não apenas um): "Indivíduos com bom gosto musical preferem Ludwig van Beethoven; logo, Beethoven é o melhor músico de todos os tempos"; concomitantemente, é aceitável, no mesmo contexto, que "indivíduos são considerados com bom gosto musical porque ouvem Ludwig van Beethoven". Assim sendo, incorreríamos no raciocínio circular "aqueles que têm bom gosto musical ouvem Beethoven e aqueles que ouvem Beethoven têm bom gosto musical". E, obviamente, não teríamos uma justificativa útil para atestar que Beethoven é o melhor músico de todos os tempos. Até porque há quem prefira Johann Sebastian Bach...

São bastante usuais os argumentos que refutam uma proposição procurando ofender aquele que a proferiu ou a defendeu, em vez de oferecer justificativas racionais, contra-argumentações. Esses argumentos são denominados ***ad hominem*** ou **contra o homem**: "O *argumentum ad hominem*, que significa 'dirigido ao homem', é aquele que critica o argumentador e não o seu argumento. Ele é, basicamente, um ataque pessoal que traz à baila o caráter, a integridade e as circunstâncias pessoais do argumentador" (WALTON, 2006, p. 187).

Há três maneiras básicas[64] de argumentar contra o homem: de modo ofensivo (ou abusivo), circunstancial ou "envenenando o poço". Estudemos, pois, cada qual.

O argumento **contra o homem ofensivo** ou **abusivo** é cometido quando se procura demonstrar a falsidade de uma afirmação atacando – de modo absoluto ou abusivo – a pessoa que a proferiu. "Argumentos do tipo *ad hominem ofensivo* atacam uma pessoa idosa, o caráter, a família, o sexo, a moral, a posição social ou econômica, a personalidade, a aparência, a roupa, o comportamento profissional ou político, ou as filiações religiosas" (NOLT; ROHATYN, 1991, p. 346).

Procura-se demonstrar que a pessoa não é merecedora de consideração e, portanto, não existem motivos para que as ideias dessa pessoa sejam acatadas.

---

[64] Trata-se de "três maneiras básicas" porque alguns autores, como Copi (1978), consideram apenas as duas primeiras (considerando as demais como subtipos destas) e outros, como Nolt e Rohatyn (1991), classificam a falácia *ad hominem* em cinco tipos distintos. Selecionamos aquelas que consideramos as mais usuais.

Com exceção dos casos em que o aspecto atacado do arguidor for relevante para a ideia refutada (como por exemplo, o reconhecimento público da desonestidade de alguém é um bom argumento para refutar a contratação da mesma para o setor de contabilidade de uma empresa[65]), não se deve aceitar como boa justificativa de uma ideia a desqualificação do arguidor da mesma. Corre-se o risco de tomar como lógica uma razão de outra natureza.

> O modo como, por vezes, este argumento falaz [ofensivo] pode persuadir é através do processo psicológico de transferência. Se pode ser provocada uma atitude de desaprovação em relação a uma pessoa, essa atitude terá possibilidades de tender para transbordar do campo estritamente emocional e converter-se em desacordo com o que essa pessoa diz. Mas esta conexão é só psicológica, não lógica. Assim, o mais perverso dos homens pode, por vezes, dizer a verdade ou raciocinar corretamente (COPI, 1978, p. 75).

Por mais que não desejemos que assim seja, a moral e a excelência racional não estão necessariamente relacionadas. Por conseguinte, comete-se a falácia contra o homem ofensiva quando se tenta convencer um diretor a não contratar determinado professor porque este é adúltero; argumenta-se igualmente contra o homem quando se recusa a opinião política de alguém com base no fato que este alguém é analfabeto.

São clássicos os casos de *argumentum ad hominem* ofensivo na história da filosofia. Defende-se que a teoria de Bacon não seria merecedora de respeito porque ele foi demitido do seu cargo de Chanceler por desonestidade; a filosofia de Kant é posta sob dúvida pela suspeita vida sexual do autor; critica-se o *Emílio*, de Rousseau, obra na qual trata (dentre outras coisas) da educação das crianças, com base no fato do autor não ter sido um exemplo de pai;[66] a filosofia de Heidegger é por muitos condenada por

---

[65] Walton (2006) dedica todo o capítulo 6 da sua obra, intitulado "Ataque pessoal na argumentação", para explicar os argumentos contra a pessoa, trazendo, igualmente, exemplos de ataques pessoais justificáveis (e, portanto, não falaciosos).

[66] Objeções podem ser feitas neste caso, contra as quais se argumenta que a teoria propos-

seu temporário envolvimento com o Partido Nacional Socialista dos Trabalhadores Alemães (cujo maior filiado foi Adolf Hitler).

Passemos ao segundo tipo referido de argumento contra o homem: o **circunstancial**. Esta falácia, assim como a anterior, é cometida quando se procura demonstrar a falsidade de uma afirmação atacando a pessoa que a proferiu. Mas difere da falácia contra o homem abusiva porque a ofensa aqui é feita de forma não absoluta, mas circunstancial, atentando para alguma circunstância específica que envolve o arguidor e o faz não merecedor de crédito:

> O *argumentum ad hominem circunstancial* é o questionamento ou crítica das circunstâncias pessoais do argumentador, que supostamente se revelam em suas ações, afiliações ou comprometimentos anteriores através da alegação de uma suposta incoerência entre seu argumento e tais circunstâncias (WALTON, 2006, p. 188).

Assim, configura-se a falácia contra o homem circunstancial à medida que se alega uma incoerência entre a posição defendida pelo arguidor e as circunstâncias pessoais hipoteticamente reveladas em práticas ou posições anteriores tomadas.

Tem-se no caso do caçador um exemplo clássico de argumento *ad hominem* circunstancial. Vejamos, primeiramente, a colocação do exemplo por Copi (1978, p. 76):

> O exemplo clássico desta falácia [circunstancial] é a réplica do caçador, quando acusado de bárbaro por sacrificar animais inofensivos para a sua própria diversão. Sua resposta consiste em perguntar a quem o critica: "Por que se alimenta o senhor com carne de gado inocente?"

Atentemo-nos, agora, para explicação dada por Walton (2006, p. 202-203):

> Tradicionalmente, a réplica do caçador a essa crítica é considerada uma falácia *ad hominem* [circunstancial] porque procura refutá-la criticando as circunstâncias particulares do crítico.

---

ta no *Emílio* não pode ser desqualificada com base na não obediência da mesma pelo seu autor. A conduta pessoal de Rousseau não deve tirar o mérito da teoria proposta.

> Como o crítico não é vegetariano, o caçador alega que ele é pessoalmente incoerente com o próprio argumento. [...] O caçador não apresenta bons motivos que justifiquem a conclusão impessoal de que a caça é uma prática aceitável. Em vez disso, ele argumenta contra as circunstâncias particulares e pessoais do crítico. A crítica pessoal do caçador pode ser legítima, mas não refuta a questão geral levantada pelo crítico, não serve de sustentação para uma conclusão impessoal. [...]
>
> Será que é incoerente comer carne e, ao mesmo tempo, ser contra a prática do esporte da caça? Certamente, não há nenhuma incoerência lógica.

Uma vez reproduzida a detalhada explicação de Walton para o "caso do caçador", não é difícil compreender a ocorrência da falácia contra o homem circunstancial na réplica de alguém que foi repreendido por jogar (o proibido) videopôquer: "Você também não tem o *hobby* de jogar xadrez às quartas-feiras?". Ou, igualmente, na resposta dada por um filho pego usando drogas ilícitas: "Ah, pai, você também usa muita droga diariamente!". De fato, o pai – cardíaco e diabético – é um assíduo usuário... de medicamentos.

Outro tipo de argumento *ad hominem* (que alguns autores consideram como um caso específico da própria falácia circunstancial[67]) é conhecido como **poço envenenado**:

> [...] porque sugere que o argumentador atacado tem um interesse oculto [...] e, por isso, não merece confiança como defensor de um argumento a respeito de qualquer questão. Enquanto fonte confiável, esse argumentador se torna um "poço envenenado", por assim dizer, pois qualquer coisa que diga é suspeita, já que reflete sua posição unilateral (WALTON, 2006, p. 188).

A falácia de poço envenenado compreende um argumento contra o homem à medida que ataca o homem, mas não o faz ofensivamente ou circunstancialmente.[68] Antes, consiste em defender que o arguidor não é merecedor de confiança porque

---

[67] Para esses autores, a circunstância que caracteriza a falácia é justamente o interesse do arguidor.

[68] A não ser que consideremos a posição dos autores mencionada na nota anterior.

tem interesses para além da tese em questão. Aquele que supostamente "ganharia algo" com a defesa em jogo ou teria algum motivo obscuro para tal defesa não seria, de antemão, digno de confiança. Em poucas palavras, desqualifica-se o arguidor por ser (supostamente) parcial, acusando-se o mesmo de tendencioso.

Nesse sentido, diante de um senador que defende veementemente a revisão dos critérios de pensão para ex-cônjuges, poder-se-ia alegar (cometendo a falácia de poço envenenado) que tal senador assim pensa porque sustenta duas ex-mulheres. Analogamente, poder-se-ia acusar determinada pessoa de parcialidade na defesa do casamento civil entre pessoas do mesmo sexo, dado que esta pessoa é assumidamente homossexual. Nestes casos, "[...] o principal alvo do ataque não é nem o abuso pessoal nem a incoerência circunstancial. [...] É uma imputação de parcialidade que envolve essencialmente a alegação de que ocorreu uma mudança dialética[69] oculta no interior do argumento" (WALTON, 2006, p. 211).

Dessa forma, no caso do poço envenenado, "o argumento contra a pessoa é um desafio à fidelidade de um argumentador às regras e objetivos do diálogo em que os argumentadores estão supostamente engajados" (WALTON, 2006, p. 210). Não obstante, não se ignora o fato de que em certos casos é legítimo e prudente atentar para o comprometimento do arguidor com determinadas posições, ideologias, partidos, causas. Observa-se apenas que se deve evitar que o argumento contra a pessoa impeça, de antemão, o diálogo racional.

Há outro tipo de falácia que procura refutar uma afirmação não com base no ataque ao proponente, mas na deturpação da posição do argumentador, interpretando-a de modo equivocado. Trata-se da falácia do **homem de palha** ou do **espantalho**, como nos explicam Nolt e Rohatyn (1991, p. 351):

---

[69] Por mudança dialética o autor entende "uma mudança de um contexto dialógico para outro" (WALTON, 2006, p. 210).

Argumentos do tipo homem-de-palha [...] tentam refutar uma afirmação confundindo-a com uma afirmação menos plausível e, então, atacam a afirmação menos plausível, em vez de dirigir-se à questão original. O termo vem da esgrima medieval, onde os participantes se aqueciam praticando contra bonecos (homens-de-palha) antes de enfrentarem os adversários.

Um argumento do tipo homem-de-palha pode proporcionar boas razões contra a afirmação menos plausível que a confunde com a questão real, mas essas razões são irrelevantes para a questão real.

Os autores supramencionados consideram a falácia do homem de palha como um tipo de argumento *ad hominem*, o que não o faremos aqui. Entende-se que o cerne da falácia em questão não é *contra a pessoa*, mas contra a afirmação não plausível ou *homem de palha*. O próprio exemplo dado por Nolt e Rohatyn corrobora essa posição. Diante da proposta de argumento "Não pode existir verdade se qualquer coisa é relativa; portanto, a teoria da relatividade de Einstein não pode ser verdadeira", explicam:

A premissa é totalmente irrelevante para a conclusão, pois a teoria de Einstein não afirma que qualquer coisa é relativa (qualquer que seja o significado). A afirmação de que qualquer coisa é relativa é homem-de-palha e o argumento implicitamente ataca esse homem-de-palha em vez de examinar a teoria de Einstein. Assim, mesmo que a premissa seja verdadeira (o que é dúbia; é difícil ver o que essa premissa pode significar), ela não oferece apoio para a conclusão (NOLT; ROHATYN, 1991, p. 352).

A fim de evitar ser persuadido por uma falácia homem de palha, deve-se procurar conhecer mais acerca da afirmação considerada como tal. No caso estudado, "saber que a teoria de Einstein não afirma que qualquer coisa é relativa" (NOLT; ROHATYN, 1991, p. 352) impediria a aceitação do argumento.

Passemos, agora, ao exame da falácia de **acidente**. O que se espera de uma regra geral? Por ser geral, que ela se aplique aos casos particulares a que diz respeito, não? Nesse sentido, se é regra que a velocidade máxima permitida em determinada via pública é a de 50 km por hora, todo e qualquer veículo deverá transitar nesse limite. Pensemos, todavia, no caso específico de um cidadão que conduz alguém enfartando a um pronto-socorro. Deveria esse cidadão obedecer ao limite de velocidade imposto por lei? Discussões legais e morais à parte, aquele que argumentar sobre este caso específico recorrendo exclusivamente à regra geral cometerá uma falácia de acidente.

Conceituemos, pois, o argumento incorreto em questão: uma falácia de acidente ocorre no emprego de uma regra geral a um caso específico, para o qual conjunturas acidentais impedem tal aplicação. Ou nas palavras de Copi (1978, p. 82),

> o que é verdadeiro "em geral" pode não ser universalmente verdadeiro, sem limitações, porque as circunstâncias alteram os casos. Muitas generalizações conhecidas ou suspeitas de terem exceções são enunciadas sem restrições, quer porque as condições exatas que limitam a sua aplicabilidade não são conhecidas, quer porque as circunstâncias acidentais que as tornam inaplicáveis ocorrem de um modo tão raro que são praticamente negligenciadas. Quando se recorre a uma tal generalização, ao argumentar sobre um determinado caso cujas circunstâncias acidentais impedem a aplicação da proposição geral, diz-se que o argumento cometeu a falácia de acidente.

Poderíamos então dizer, *grosso modo*, que o acidente se caracteriza no tratamento dos casos excepcionais de modo a negligenciar, justamente, o caráter de exceção do caso em questão – insistindo que o mesmo seja enquadrado na regra geral do qual é um "acidente".

Por outro lado, há a possibilidade – extremamente recorrente no senso comum – de generalizarmos, de forma precipitada, os casos atípicos. Comete-se a falácia de **acidente convertido** (ou **generalização apressada**; ou ainda, **estatística insuficiente**) exatamente nessas ocasiões em que as exceções são de modo inconsiderado tomadas como referência para a conclusão de uma regra geral (que só se aplicaria aos tais casos atípicos e não a todos como se generalizou). Assim, pode-se dizer que o argumento de acidente convertido consiste em uma indução precipitada, na qual, ao contrário do que é exigido pelo princípio de indução,[70] o número de eventos observados não foi suficientemente grande e/ou tais eventos não foram examinados sob uma ampla variedade de condições.

Não obstante, como discutido no capítulo sobre dedução e indução, sabe-se da dificuldade de determinar o número de casos que será tomado como parâmetro de suficiência.

> A falácia de estatística insuficiente [acidente convertido] consiste em efetuar uma generalização indutiva antes de contar com dados suficientes para sustentar a generalização. [...] O número de amostras que precisam ser examinadas para constituir uma estatística adequada varia de caso para caso e de uma para outra área de investigação. Por vezes, dois ou três casos podem ser bastante; outras vezes, milhões de casos são exigidos. O número de casos considerado suficiente só pode ser determinado pela experiência adquirida no estudo da área específica que estiver sendo investigada (SALMON, 2002, p. 47).

Uma vez conceituada a falácia de acidente convertido e feita a ressalva quanto à dificuldade em precisar o número considerado suficiente da amostra, pode-se vislumbrar a frequência com que tal falácia é cometida. Como supracitado, muitas são as suas ocorrências no discurso do senso comum, como podemos atestar: "Mulher no volante, perigo constante"; "Nenhum homem presta", "Todo político é ladrão"; "Todo músico é vagabundo", etc.

As falácias de **acidente convertido** ou **generalização apressada** são consideradas em determinadas classificações como falácias indutivas, as quais, segundo Nolt e Rohatyn (1991, p. 373), "ocorrem quando a probabilidade indutiva de um argumento é baixa, ou pelo menos menor do que o argumentador pensa que é". Há outros tipos argumentativos considerados como falácias indutivas, dentre eles a do jogador, a da analogia defeituosa e a falsa causa.[71]

---

[70] Cf. a subseção do capítulo IV intitulada "Sobre o princípio e o problema da indução".

[71] Para outros tipos indutivos falaciosos, o leitor poderá recorrer ao capítulo 8º da obra de Walton (2006), intitulado "Erros indutivos, vieses e falácias". Vale res-

Comecemos explicando a **falsa causa**. Segundo Nolt e Rohatyn (1991, p. 376-377), "falsa causa é uma expressão que abrange uma variedade de erros lógicos. Esse termo significa confundir uma causa com um efeito. Pode ainda significar uma explicação causal para um evento sem considerar as circunstâncias alternativas". Nesse sentido, tem-se o uso mais geral da expressão "falsa causa", a saber, aquele que aponta o erro de considerar como causa de determinado efeito algo que não é, de fato, a tal causa. É costume atribuir o termo latino ***non causa pro causa*** para esse tipo de erro.

Como exemplo de falácia *non causa pro causa* tem-se a propaganda de uma marca de margarina que chamaremos aqui apenas de X: "a margarina X baixou mesmo o nosso colesterol", dizia o slogan da campanha. Ainda que houvesse comprovada substância na margarina que contribuísse para a redução do colesterol, não se pode afirmar que o consumo do produto em questão tenha sido a *causa* do arrefecimento do colesterol. Quando muito, pode-se dizer que a margarina X é indicada para dietas que exigem baixo colesterol. Afinal, um indivíduo que consuma pastéis, coxinhas, frituras em geral... e a margarina, não terá seu nível de colesterol reduzido – como poderia erroneamente inferir da sua propaganda.

Outra maneira de cometer a falácia de falsa causa é estabelecer uma conexão causal (de forma equivocada) com base na proximidade cronológica de dois (ou mais) episódios. Esse equívoco é usualmente denominado ***post hoc***.

---

saltar, igualmente, que Copi (1978) classifica a falácia de falsa causa como uma falácia de relevância (e não como uma indutiva) – o autor, aliás, apresenta duas únicas classificações: as falácias de relevância e as de ambiguidade. Todavia, aponta que "o que realmente constitui um bom argumento para a presença de conexões causais é, talvez, o problema central da lógica indutiva" (COPI, 1978, p. 83). E, neste ponto, parece não discordar daqueles para os quais a falsa causa é uma falácia indutiva.

Suponhamos que A e B representem acontecimentos ou situações comuns em certo momento. A falácia *post hoc* ocorre quando se conclui que A causa B simplesmente porque uma ou mais ocorrências de A são correlacionadas com uma ou mais ocorrências de B. O nome latino completo dessa falácia é *post hoc, ergo propter hoc*, que significa "depois disso, logo, por causa disso" (WALTON, 2006, p. 298).

Neste caso, duas ocorrências temporariamente próximas podem ser erroneamente associadas, estabelecendo-se uma relação causal entre elas. Tomemos emprestados os exemplos de Douglas Walton e Irving Copi. O primeiro argumenta: "Sempre que lavo o carro, começa a chover logo depois. Logo, o fato de eu lavar o carro causa precipitações pluviais" (WALTON, 2006, p. 299). (Não obstante, atire a primeira pedra quem nunca fez tal associação!) Já Copi (1978, p. 83) afirma que "ninguém se deixaria enganar por esse argumento, mas um número incontável de pessoas é 'sugestionado' por testemunhos a respeito de remédios milagrosos, os quais informam que a Sra. X sofria de um forte resfriado; bebeu três vidros de uma cozedura de erva 'secreta' e em duas semanas o resfriado desapareceu!" Cozedura e canja de galinha à parte, se em duas semanas o resfriado não desaparecer, procure seu médico!

Uma vez exemplificado a falácia *post hoc*, pode-se afirmar que "o que é comum em todas as falácias de falsa causa é que as conclusões são afirmações causais não sustentadas por suas premissas" (NOLT; ROHATYN, 1991, p. 377). A correlação encontrada entre dois ou mais acontecimentos pode ser mera coincidência ou ser de outra natureza que não a causal. Assim, grande parte das superstições é fruto de falácias de falsa causa: o piloto Felipe Massa afirmou que usava uma mesma cueca durante toda a temporada 2008 de Fórmula 1, pois atribuía a esse fato o bom desempenho dele nas pistas; diversos jogadores de futebol costumam entrar no gramado dos estádios com o pé direito (como se ao deixar de fazê-lo, causariam uma má sorte); algumas mulheres não experimentam a comida diretamente da panela, pois – dizem – isso causa chuva no dia do casamento!

Se, como visto, a incorreta associação causal entre dois eventos caracteriza as falácias de falsa causa, a errônea interpretação de dependência entre as ocorrências independentes de um evento é o cerne da **falácia do jogador**.

> A falácia do jogador é um argumento da forma:
> x não tem ocorrido recentemente.
> ∴ x provavelmente acontecerá logo.
> Se "x" designa um evento cujas ocorrências são mais ou menos independentes (isto é, a ocorrência de um deles não afeta a probabilidade dos outros) então o raciocínio é falacioso. [...] A falácia tem esse nome por causa da tendência dos jogadores que, ao terem freqüentemente má sorte, pensam "minha sorte está fadada a mudar logo" (NOLT; ROHATYN, 1991, p. 375).

Dessa maneira, sendo as jogadas de uma moeda não viciada independentes umas das outras (pois aleatórias), a partir de uma sequência de "aparições" da face "cara" da moeda em questão, comete-se a falácia do jogador ao concluir que, provavelmente, a próxima face a aparecer será "coroa". O mesmo ocorre (e os otimistas que me perdoem) ao inferirmos que "depois da tempestade vem a bonança".

A última das falácias usualmente classificadas como indutivas a ser aqui exposta é conhecida como **analogia defeituosa**. A fim de a entendermos, faz-se necessário relembrar a definição de argumento indutivo por analogia, trabalhada na subseção "Alguns tipos de indução" do capítulo IV.

No argumento por analogia, afirma-se a similaridade entre duas (ou mais) coisas sob algum aspecto e, ademais, diz-se que uma dessas coisas possui dada propriedade; a conclusão do argumento por analogia, por sua vez, assegura que a(s) outra(s) coisa(s) também possui(em) a mencionada propriedade. A inferência analógica pode ser tanto altamente quanto pouco provável: "[...] a probabilidade indutiva de um raciocínio analógico depende sensivelmente da similaridade do grau e da relevância. Se a similaridade é desprezada ou não é particularmente relevante, então é provável que a falácia proceda" (NOLT; ROHATYN, 1991, p. 374).

Tem-se, pois, que um argumento baseado em uma analogia malfeita ou irrelevante é dito uma falácia de analogia defeituosa. Por conseguinte, considera-se falacioso o seguinte argumento: "Ana Maria e Mariana são irmãs; como a primeira é casada, tem-se que a segunda também o é". Isso porque "ser irmã" não é uma similaridade relevante para a inferência do estado civil de alguém. Da mesma forma, o argumento de Thomas Reid usado por Copi (1978, p. 314) como exemplo de analogia nos parece falacioso, pois as inúmeras premissas não fazem referência às condições de fato importantes para se estabelecer (ainda que no campo da probabilidade) a existência de algum tipo de vida.

> Podemos observar uma semelhança muito grande, entre esta Terra que habitamos e os outros planetas, Saturno, Júpiter, Marte, Vênus e Mercúrio. Todos eles gravitam em torno do Sol, tal como a Terra, embora a diferentes distâncias e em períodos diferentes. Todos recebem sua luz do Sol, tal como a Terra. Sabe-se que muitos deles giram em redor de seus eixos, tal como a Terra; e, por isso, devem também apresentar uma sucessão de dias e noites. Alguns deles têm luas, que servem para dar-lhes luz na ausência do Sol, tal como nossa Lua nos dá. Todos eles, em seus movimentos, estão sujeitos à mesma lei de gravitação, tal como acontece à Terra. Baseando-se em todas estas semelhanças, não é disparatado pensar que esses planetas, à semelhança da Terra, possam estar habitados por criaturas viventes de várias ordens. Existe uma certa probabilidade nesta conclusão por analogia.

Assim, embora o autor comente que "existe uma certa probabilidade nesta conclusão por analogia", esta é extremamente baixa com base naquilo que afirmam as premissas. Diríamos, então, que o argumento supracitado é uma analogia defeituosa.

Trataremos agora da falácia de *ignoratio elenchi*, conhecida também pela tradução literal **ignorar a questão**, ou ainda, por falácia da **conclusão não pertinente** ou falácia da **conclusão irrelevante**. Todos os quatro nomes, de qualquer modo, indicam que essa falácia consiste na admissão de premissas de um determinado argumento que são usadas não para justificar-lhe a conclusão (razoável), mas, contrariamente, para embasar uma conclusão não pertinente. Daí que a conclusão atribuída é irrelevante – dadas as premissas supostas.

> O problema básico da *ignoratio elenchi* é a falta de relação entre premissas e conclusão que se exige num diálogo racional. Dizemos então que o argumentador perdeu o fio da meada e se desviou do assunto, o que deixa seu argumento sujeito à crítica por não pertinência (WALTON, 2006, p. 106).

Desse modo, comete-se uma falácia de conclusão não pertinente à medida que se desvia da conclusão que deveria ser provada, ignorando a questão ao procurar justificar uma conclusão irrelevante. Exemplificando: a fim de incriminar um réu, o promotor discorre sobre os horrores da prática do homicídio, mas nada argumenta sobre a culpa do réu naquela circunstância. Ou ainda: suponha que haja uma discussão em plenário a respeito de um projeto de lei relacionado à educação; os congressistas favoráveis ao projeto, ao invés de o defenderem (pertinentemente) atentando, por exemplo, aos benefícios que traria para docentes e discentes, argumentam que educação é um direito de todos. Embora razoável, este pressuposto é irrelevante para a avaliação da pertinência ou não do projeto sob votação, pois ignora a questão central: garantiria esse projeto o direito de todos à educação?

Um olhar atento à falácia de conclusão irrelevante poderia culminar na seguinte interrogação: uma vez que ignora a questão central a ser provada, não poderíamos dizer que a falácia em questão abarca todas as demais? De alguma forma, sim – responderíamos. Como o faz Walton (2006, p. 87):

> No diálogo racional, o propósito básico de qualquer argumento é provar a conclusão ou tese que é colocada como a proposição a ser estabelecida pela argumentação. É razoável, portanto, que qualquer argumento que não atinja esse objetivo esteja sujeito a críticas ou possa ser melhorado. Assim, praticamente qualquer uma das falácias tradicionais, ou falhas de argumentação, poderia se encaixar potencialmente na classificação *ignoratio elenchi*.

Apesar da possibilidade de pensar que, de algum modo, a falácia de conclusão irrelevante abrange as demais, deve-se cuidar para que, em um estudo minucioso de argumentos falaciosos, o nome "falácia de conclusão não-pertinente" seja usado exclusivamente (ou prioritariamente) para designar aquelas cujas premissas conduzem a uma conclusão distinta daquela que deveria ser estabelecida por tais.

Como observado no início deste capítulo, os erros argumentativos chamados de falácias são classificados sob critérios variados. Embora nosso objetivo, neste capítulo, não seja discutir ou adotar uma classificação possível, fez-se menção às chamadas falácias indutivas e identificar-se-ão também as falácias de ambiguidade, as quais são fundamentadas – como o nome sugere – em alguma ambiguidade linguística. Alguns autores preferem chamá-las de "falácias semânticas".

A primeira falácia de ambiguidade aqui apresentada deriva de um equívoco e, portanto, é assim justamente chamada: **equívoco**. Este ocorre em circunstâncias em que uma palavra é usada, no mesmo contexto, com mais de um significado, sem que esses significados sejam especificados. Uma palavra pode ter vários sentidos, todos legítimos. O que não é legítimo é não os distinguir em um mesmo contexto argumentativo.

Segundo Copi (1978, p. 91), "um exemplo tradicional desta falácia é o seguinte: 'O fim de uma coisa é a sua perfeição; a morte é o fim da vida; logo, a morte é a perfeição da vida.' Este argumento é falaz porque nele se confundem dois sentidos diferentes da palavra 'fim'". Não é difícil, em uma análise atenciosa, notar que na primeira premissa, "O fim de uma coisa é a sua perfeição", a palavra fim significa meta, objetivo, finalidade e teríamos, pois, que "a finalidade de uma coisa é a sua perfeição". Já na segunda premissa, "a morte é o fim da vida", tem-se que "fim" é sinônimo de término ou último acontecimento. Assim, poderíamos ler: "a morte é o término da vida". Essa diferenciação impediria, tal como no argumento dado, a inferência da indesejada conclusão "a morte é a perfeição da vida".

A falácia de equívoco consiste, portanto, na não distinção dos sentidos diferentes de uma mesma palavra. Deve-se notar, todavia, que a falácia em questão é extremamente usada em propagandas e programas de humor, os quais visam, justamente, ao riso (possível) advindo da confusão dos significados de um mesmo termo. A tira do cartunista Fernando Gonsales[72] configura-se como um exemplo de equívoco usado como recurso humorístico:

Crédito: Fernando Gonsales/Folhapress

Nesta mesma perspectiva, a proposição "Ela é uma grande mulher" pode ser interpretada tanto como um elogio quanto como uma ofensa. (E, às vezes, é preferível não conhecer a real intenção do argüidor; afinal, gostaríamos de escolher sempre a interpretação elogiosa, não?) Ressalva feita, àqueles que desejam identificar a falácia de equívoco, Walton (2006, p. 390) recomenda:

> O truque do equívoco é que, individualmente, cada premissa parece plausível. A suspeita de equívoco surge quando juntamos duas premissas e comparamos os termos que ocorreram em cada uma delas. Assim, para avaliar casos realistas de equívoco na argumentação prática, é necessário assumir uma perspectiva global. O crítico tem que examinar o argumento inteiro e ver se houve uma mudança de contexto que possa afetar qualquer par de premissas que tenham sido usadas.

Sabe-se, porém, que a avaliação do contexto argumentativo nem sempre permite a identificação do equívoco, pois

---

[72] GONSALES, Fernando. *Níquel Náusea*. *Folha de S. Paulo*, Caderno Ilustrada, Quadrinhos. São Paulo, sexta-feira, 26 mar. 2010.

nos casos em que este ocorre não em um argumento, mas em uma única proposição (como no exemplo "Ela é uma grande mulher"), muitas vezes pode não ser tão evidente a interpretação da mesma. Como perceber as ironias e os deboches? E as troças que só fazem sentido em determinada língua (e das quais os turistas desavisados são vítimas em potencial)? Nestes casos, não há lógica que nos salve dos equívocos.

Uma ambiguidade linguística ocorre não apenas com o uso indistinto de mais de um significado de um mesmo termo. Há situações em que a própria construção gramatical de determinada proposição torna-a ambígua. Está-se diante, pois, de uma formulação dúbia. Tal proposição cuja formulação é ambígua é dita anfibológica e o argumento falacioso que a inclui, **anfibologia** (cuja etimologia é "dicção ambígua").[73]

Por conseguinte, um enunciado anfibológico pode ser verdadeiro ou falso, dependendo da interpretação. Atentemo-nos ao já clássico exemplo de anfibologia descrito por Copi (1978, p. 92):

> O exemplo clássico de anfibologia relaciona-se com Creso e o Oráculo de Delfos. As declarações anfibológicas constituíam, é claro, a moeda corrente dos oráculos da Antigüidade. Creso, rei da Lídia, estava planejando uma guerra contra o reino da Pérsia. Como era um homem prudente, não desejava envolver-se numa guerra sem ter a certeza que a ganharia. Consultou o Oráculo de Delfos sobre o assunto e recebeu a seguinte resposta: "Se Creso declarar guerra à Pérsia, destruirá um reino poderoso". Deliciado com tal predição, Creso iniciou a guerra e foi, rapidamente, derrotado por Ciro, rei dos persas. Mais tarde, tendo-lhe sido perdoada a vida, Creso escreveu uma carta ao Oráculo, em que se queixava amargamente. Sua carta foi respondida pelos sacerdotes

---

[73] Àqueles que de modo jocoso (ou meramente curioso) associaram os termos anfibologia e anfíbio, vale uma nota: ambos derivam da palavra grega *anphi*, a qual expressa ambiguidade. Nesse sentido, se a anfibologia aponta para uma proposição ambígua, os anfíbios, por sua vez, se caracterizam por seu "ambíguo" ciclo de vida que lhes permite a adaptação a dois ambientes: o aquático e o terrestre.

de Delfos, os quais afirmaram que o Oráculo fizera uma predição correta. Ao desencadear a guerra, Creso destruíra um poderoso reino, o seu próprio!

Vê-se, no exemplo dado, que a proposição anfibológica "Se Creso declarar guerra à Pérsia, destruirá um reino poderoso" pode ser considerada verdadeira se interpretarmos o reino poderoso como o do próprio Creso (a Lídia, no caso); pode igualmente ser falsa se pensarmos (como o fez Creso) que o poderoso reino que seria destruído era o persa.

As anfibologias são recorrentes no emprego dos pronomes possessivos "seu", "sua", "seus", "suas". A fim de evitar os enunciados anfibológicos, deve-se trocar – sempre que a ambigüidade se fizer presente – os mencionados pronomes por "dele", "dela", "deles", "delas". A sentença "Você sabe que o carro é do seu pai, mas não seguirei a sua direção" é ambígua: seguirei a direção do meu interlocutor ou a do pai dele? A substituição sugerida (caso for essa a interpretação pretendida) evita a anfibologia: "Você sabe que o carro é do seu pai, mas não seguirei a direção dele".

Além das predições dos oráculos e do uso ambíguo dos pronomes possessivos, é comum encontrarmos a falácia de anfibologia nas manchetes de jornais, revistas e afins. Tomemos como exemplo a chamada da página "Últimas notícias" da seção de cinema da UOL: "Selton Mello responde ao manifesto contra a nudez de Pedro Cardoso".[74] Aqueles que estavam familiarizados com a polêmica souberam que a interpretação verdadeira para a manchete em questão seria algo como "Selton Mello responde ao manifesto que Pedro Cardoso fez contra a nudez". Já um internauta desavisado poderia erroneamente interpretar a chamada da seguinte forma: "Selton Mello responde a um manifesto que era contrário à nudez de Pedro Cardoso" e, dessa

---

[74] Últimas notícias. Seção de cinema da UOL. 17 out. 2008. Disponível em: <http://cinema.uol.com.br/ultnot/>. Acesso em: 4 mar. 2009.

maneira, o ator seria solidário ao colega – e não o contrário, como de fato ocorreu.[75]

Outro exemplo de manchete anfibológica foi extraído do Jornal *O Globo* de 22 de novembro de 2004 e dispensa explicações: "Celso Furtado é enterrado no Rio, sem Lula". Neste caso, uma pequena alteração da proposição para "sem a *presença* de Lula" seria suficiente para desfazer a ambiguidade.

No meio midiático é igualmente recorrente outro tipo de falácia semântica: a **ênfase**. Esta falácia consiste na acentuação (ou ênfase) dada a uma parte ou aspecto de uma proposição, ocasionando interpretações ambíguas. Como afirmam Nolt e Rohatyn (1991, p. 372), "ênfase se refere às enfatizações que geram interpretações múltiplas (e, freqüentemente, enganadoras). Cabeçalhos de jornais, multas de contratos, comerciais 'involuntários' e formulários de inscrições para concursos são fontes costumeiras de falácias de ênfase". Quem nunca foi atraído por uma propaganda de produto costumeiramente vendido por 600 reais e anunciado – em letras generosas – por 100 reais? E ao se aproximar do cartaz percebe que letras mínimas introduzem um pequeno "porém": trata-se de seis parcelas de 100 reais!

O humorista Millôr Fernandes conta, na antologia d'*O PASQUIM*, que o mineiro Ziraldo, na tentativa de aquecer as vendas do jornal, criou a infame capa para a edição n. 105, publicada em 8 de julho de 1971[76]:

---

[75] Observação: após a manchete anfibológica ter sido alvo de colunas de humor, ela foi reescrita com o acréscimo de aspas, de modo a evitar a falácia de anfibologia: "Selton Mello responde ao 'Manifesto contra a nudez', de Pedro Cardoso. Alteração disponível em: <http://cinema.uol.com.br/ultnot/2008/10/17/ult4332u893.jhtm>. Acesso em: 21 jun. 2009.

[76] Afirma Millôr: "O que acontece é que a venda do número passado d'O PASQUIM nos deu um bruta susto. Caiu 24 exemplares em São Paulo. [...] Quando o pânico bateu na gerência e se espalhou à redação e foi convocado imediatamente um *brainstorm* para saber como é que se ia recuperar os exemplares perdidos, o Ziraldo ganhou a parada apresentando a capa de hoje com a seguinte

PASQUIM
TODO PAULISTA
É BICHA

Trata-se, sem dúvida, de uma falácia de ênfase: dado o tamanho das letras, torna-se inevitável não lermos que "Todo paulista é bicha"; em uma leitura mais cuidadosa, porém, percebe-se que a manchete afirma, na íntegra, que "Todo paulista que não gosta de mulher é bicha". Um caso típico de acentuação da parte de uma proposição que incorre na possibilidade de uma dupla interpretação.

O indigno exemplo extraído do *Pasquim* finaliza a seção de exposição e ilustração das falácias não formais.

* * *

Como acreditamos que pôde ser observado, as falácias são inúmeras e os usos cotidianos, variados. Nos terrenos jurídico, publicitário, familiar, político, educacional, dentre outros, frequentes são os argumentos falaciosos, o que torna o estudo da temática em questão extremamente atraente para alunos de todas as idades.

Não pretendíamos, contudo, esgotar o assunto, "uma vez que o ser humano pode inventar novas maneiras de se cometer

---

defesa psicológica: 'Paulista não resiste a desafio vindo do Rio. Basta a gente botar uma agressão na capa e todo paulista vai sair comprando e, ainda por cima, vão rir à beça e dizer, felizes, *esses cariocas são descontraídos às pampas, pô!*'" [AUGUSTO, Sergio; JAGUAR (Org.). *O Pasquim: antologia*. Rio de Janeiro, v. 1: 1969-1971, p. 228-229, 2006].

erros lógicos. Desde que Aristóteles redigiu o primeiro catálogo de falácias, fica evidente que maus hábitos de raciocínio obedecem a padrões precisos" (NOLT; ROHATYN, 1991, p. 345). Por outro lado, defendemos que "as falácias são estratégias de argumentação que vale a pena conhecer, já que representam métodos eficazes de ataque que podem ser usados com propósitos tanto fraudulentos como legítimos" (WALTON, 2006, p. 34). Em outras palavras, na argumentação em linguagem natural não se escapa à falácia. Ademais, entendemos que "a familiaridade com esses erros [de raciocínio] e a habilidade para apontá-los e analisá-los podem muito bem impedir que sejamos iludidos por eles" (COPI, 1978, p. 99). (E, igualmente, permitir que os cometamos com propriedade.) Daí a inclusão deste – ainda que incompleto (e incompletável) – capítulo.

CAPÍTULO VI

Sobre o lugar da lógica na sala de aula

> *Todos os seres humanos têm o direito de decidir nos rumos das suas vidas.* Também crianças e jovens têm esse direito, como cabe-lhes o direito de aprender a dominar o uso das ferramentas intelectuais que lhes possibilitem as decisões. Têm direito de ser educados para a autonomia (LORIERI, 2002, p. 43).

Discussões em torno da pertinência e relevância da disciplina Filosofia na grade curricular do Ensino Médio não são novas nos meios educacional e acadêmico. Tem-se como exemplo a obra *O Ensino da Filosofia no 2º Grau*, organizada por Nielsen Neto em 1986, na qual pesquisadores da Associação Filosófica do Estado de São Paulo (Afesp) constroem propostas para o ensino de Filosofia, bem como refletem sobre as possibilidades e os limites dessa prática.

Passadas cerca de duas décadas, a temática do ensino de Filosofia revela-se extremamente atual, seja pela recém-homologação da sua obrigatoriedade no Ensino Médio,[77] seja pelo problema constantemente posto de legitimação da Filosofia como disciplina, o qual perpassa o que se faz e o que se pensa dela pedagogicamente.

---

[77] Cf. Lei nº 11.684, de 2 de junho de 2008, que altera o artigo 36 da Lei nº 9.394, de 20 de dezembro de 1996 (no qual as diretrizes e bases da educação nacional foram estabelecidas), incluindo as disciplinas Filosofia e Sociologia como obrigatórias nos currículos do Ensino Médio.

Nesse contexto, cabe ao professor de Filosofia, em um primeiro momento, discutir e responder às questões sobre a identidade, a função e a contribuição dessa disciplina na educação. Em um segundo momento, complementarmente, torna-se necessário questionar o *que* ensinar e, igualmente, *como* fazê-lo. Nos capítulos precedentes pretendemos oferecer uma (ainda que módica) contribuição para uma área usualmente pouco levada em consideração na construção dos planos de ensino de Filosofia nas escolas, qual seja, a Lógica.

Nas *Orientações Curriculares Nacionais para o Ensino Médio*, encontramos que entre os objetivos da disciplina Filosofia está o de "desenvolver competências comunicativas intimamente associadas à argumentação" (BRASIL, 2006, p. 29). Sendo a Lógica a área da Filosofia cujo objeto próprio de investigação é justamente a argumentação, entende-se que o estudo de determinados conceitos lógicos pode ser de grande valia – desde que, obviamente, apresentados sob uma orientação prática. De fato, a contextualização do arcabouço conceitual lógico (e filosófico) em situações concretas (textos jornalísticos, discursos, quadrinhos, campanhas publicitárias, etc.) torna-o não apenas mais sedutor, mas, primordialmente, didático, fecundo – conferindo-lhe sentido.

> Para apreciar o valor dos métodos lógicos, é importante ter expectativas realistas acerca de seu uso. "[...] A Lógica trata da justificação, não da descoberta. A Lógica fornece instrumentos para a análise do discurso; e essa análise é indispensável para a expressão inteligente de nossas próprias opiniões e para a compreensão clara das opiniões dos outros" (SALMON, 2002, p. 8).

Dessa forma, o ensino da Lógica pode propiciar ao educando a descoberta da possibilidade de pensar sobre o próprio pensar de forma organizada e encadeada – sistematizando as explicações, opiniões, crenças. Por conseguinte, parece auxiliar no reconhecimento das diferentes estruturas argumentativas, permitindo àquele que se familiariza com os conceitos lógicos (ainda que elementares), um arcabouço teórico interessante tanto para a criação quanto para a avaliação crítica de argumentos.

É preciso saber reconhecer aqueles pontos críticos em que o diálogo deixa de ser racional ou se afasta de uma linha melhor de argumentação. Na verdade, saber reconhecer esses pontos e saber lidar com eles através do questionamento crítico correto são habilidades fundamentais da lógica informal como disciplina (WALTON, 2006, p. 33).

Julgamos, pois, que a Lógica é uma das ferramentas intelectuais a que Lorieri (2002) faz menção na epígrafe deste capítulo e que, portanto, os alunos não devem ser dela privados. Ademais, como salienta Bernardo (2000, p. 12), "a ênfase no argumento chama a atenção para a necessidade do diálogo com o outro e, por via de consequência, para a necessidade do argumento que oriente, de maneira civilizada (sem o que, para que? – o porrete seria suficiente), todo diálogo, todo debate, toda discussão".

A crença na relação entre argumentação e civilidade também é compartilhada por Perelman e Olbrechts-Tyteca (2005, p. 581):

> Apenas a existência de uma argumentação, que não seja nem coercitiva nem arbitrária, confere um sentido à liberdade humana, condição de exercício de uma escolha racional. [...] Graças à possibilidade de uma argumentação que forneça razões, mas razões não-coercitivas, é que é possível escapar ao dilema: adesão a uma verdade objetiva e universalmente válida, ou recurso à sugestão e à violência para fazer que se admitam suas opiniões e decisões.

Nem a cega adesão às verdades alheias, nem a imposição de verdades próprias. O diálogo racional requer que conheçamos e respeitemos as regras da argumentação. Nesse sentido, o ensino-aprendizagem da Lógica parece ser importante para que possamos pensar dialogicamente. E bem! Como afirma Chauí (1997, p. 5): "[...] se é preciso pensar bem, é para viver melhor". Ah – diriam alguns – quiçá seja mais fácil conviver com os bichos...

– Todo boi é bicho. Nós todos somos bois. Então, nós todos somos bichos! [...] A gente deve de pensar tudo certo, antes de fazer qualquer coisa. [...] Vocês não fazem como eu só porque são bois bobos, que vivem no escuro e nunca sabem porque é que estão fazendo coisa e coisa. Tantas vezes quantas são as nossas patas, mais nossos chifres todos juntos, mais as orelhas nossas, e mais: é preciso pensar cada pedaço de cada coisa, antes de cada começo de cada dia...

– E nós não respondíamos nada, porque não sabemos falar desse jeito, e mesmo porque, cada horinha, as coisas pensam p'ra gente... (GUIMARÃES ROSA, 1984, p. 322-325).

APÊNDICE

Estruturas argumentativas de textos filosóficos: alguns estudos de caso[78]

Tanto na apresentação quanto na introdução deste livro mencionou-se nosso objetivo central, a saber, o de oferecer uma abordagem não formal de determinados conteúdos lógicos que de algum modo contribuísse para possíveis identificações de estruturas de textos argumentativos. Um primeiro exercício nesse sentido foi proposto no fim do capítulo III. Este apêndice traz três outras sugestões de leitura estrutural de excertos filosóficos.

Antes dos estudos de caso, porém, algumas observações devem ser feitas: (i) a indicação dos textos não obedece qualquer critério de dificuldade, mas tão somente uma ordem cronológica, de acordo com a época em que os respectivos autores viveram; (ii) denotaremos as premissas por "P", as conclusões por "C" e os argumentos por "A", de modo que "P_1A_1", por exemplo, seja lido como "premissa 1 do argumento 1"; (iii) por fim, cabe uma importante ressalva: embora haja uma defesa implícita neste livro da importância de se ler estruturalmente um texto, deve-se frisar que se sabe que uma tal leitura incorre, por outro lado, em inevitáveis perdas; a identificação da estrutura

---

[78] Exercício similar a este foi usado por mim como proposta de avaliação em algumas disciplinas que ministrei. Dois dos fragmentos aqui estudados foram selecionados por alunos, a quem agradeço imensamente. A construção da estrutura argumentativa, todavia, é de autoria (e risco!) da autora.

argumentativa não leva em consideração o contexto histórico em que o fragmento estudado foi escrito, tampouco as teorias e conceitos criados pelos autores ou mesmo o estilo literário destes. (Esses conhecimentos são imprescindíveis, muitas vezes, para a identificação de premissas implícitas.) Tem-se, assim, que os estudos propostos neste apêndice, embora necessários, são completamente insuficientes para uma compreensão filosófica dos textos aqui selecionados.

Primeiro caso

PLATÃO. *Menão*. 92e-96d. Tradução de Carlos Alberto Nunes. Pará: Universidade Federal do Pará, 1980, p. 274-279.

> XXXI — Ânito — Que vantagem ele terá de ouvir apenas um nome? Dos cidadãos atenienses de boa e clara formação que ele vier a encontrar, não há um só que não possa deixá-lo melhor do que o fariam os sofistas. É só querer seguir-lhes os ensinamentos.
>
> Sócrates — Mas esses varões de boa formação chegaram a ser o que são por esforço próprio, sem haverem aprendido com ninguém, e, apesar disso, são capazes de ensinar aos outros o que eles mesmos não aprenderam?
>
> Ânito — A meu pensar, aprenderam com os mais velhos, que também eram gente honesta e boa. Ou não achas que tem havido muitos varões ilustres em nossa cidade?
>
> Sócrates — Sem dúvida, Ânito; não somente acho que há entre nós varões excelentes e versados nos negócios públicos, como já os tivemos no passado em número não menor do que hoje. Mas, porventura, também foram excelentes professores da virtude que lhes era peculiar? É em torno desse ponto, justamente, que gira nossa discussão. Não se trata de saber se há ou não gente boa entre nós, nem se houve no passado, mas se a virtude pode ser ensinada. É isso que há muito vimos investigando. E nessa indagação nos perguntamos se tanto os homens bons do nosso tempo como os do passado sabiam transmitir a outras pessoas a virtude por que eles próprios

se distinguiam, ou se a virtude não pode ser comunicada a ninguém nem transmitida de uma pessoa para outra. Isso é o que há muito estamos discutindo, eu e Menão.

XXXII — Examina a questão de acordo com a tua própria maneira de pensar: não dirás que Temístocles foi um varão excelente?

Ânito — Sem dúvida, acima de qualquer confronto.

Sócrates — E também um excelente professor, se já houve professor excelente de sua própria virtude?

Ânito — Acho que sim. Bastaria querer.

Sócrates — E és, porventura, de parecer que ele não quisesse que outras pessoas também se tornassem excelentes, principalmente seu filho? Ou acreditas que lhe tivesse má vontade e, de caso pensado, não lhe houvesse comunicado a virtude em que ele se distinguia? Nunca ouviste contar que Temístocles fez o filho, Cleofanto, tornar ótimas aulas de equitação, a ponto de conseguir ficar de pé em cima do cavalo e, nessa posição, jogar a lança, além de muitos outros rasgos admiráveis que Temístocles mandou ensinar-lhe à perfeição e que só dependiam de bons professores? Ou nunca ouviste os mais velhos falarem nisso?

Ânito — Ouvi.

Sócrates — Ninguém, portanto, poderá dizer que o filho era de natureza inferior.

Ânito — É claro que não.

Sócrates — E agora? Já soubeste de alguém, velho ou moço, que Cleofanto, filho de Temístocles, tivesse ficado sábio e bom naquilo em que seu pai se distinguiu?

Ânito — Nunca.

Sócrates — Nesse caso, teremos de admitir que Temístocles quis que o filho aprendesse todas aquelas habilidades, porém no saber que lhe era peculiar não o deixou melhor em nada do que os filhos do vizinho, embora a virtude pudesse ser ensinada?

Ânito — Por Zeus, parece que não.

XXXIII — Sócrates — Assim procedeu, como se vê, esse professor de virtude, a respeito do qual admites que foi um dos melhores do passado. Tomemos outro exemplo: Aristides filho de Lisímaco. Não reconheces que também foi homem de prol?

Ânito — Incontestavelmente.

Sócrates — Não deu ele a seu filho Lisímaco instrução mais caprichada do que a de qualquer ateniense, em tudo o que dependia de professores? E és de opinião que tenha feito dele um cidadão mais prestante do que qualquer outro? É pessoa de tuas relações e sabes o que vale. Se quiseres, Péricles, varão eminentíssimo, como não ignoras, educou dois filhos: Páralo e Xantipo.

Ânito — Exato.

Sócrates — Esses, como também não ignoras, fez que aprendessem equitação com os mais distintos atenienses, e música, e ginástica, e tudo quanto é arte, sem ficarem em posição inferior a ninguém: e não haveria de querer que se tornassem homens de bem? Sim, queria, é o que eu penso; mas isso talvez não possa ser ensinado. E para que não presumas que foram poucos e de posição inferior os atenienses que se mostraram incapazes nesse particular, lembra-te que Tucídides também criou dois filhos, Melésias e Estéfano, e que, além de lhes dar ótima instrução, primou no ensino da luta, o que fez deles famosos lutadores de Atenas. Confiou um a Xantias; outro a Eudoro, que passavam por ser os melhores profissionais do seu tempo. Não tens conhecimento disso?

Ânito — Sim, por ouvir dizer.

XXXIV — Sócrates — Não é evidente que ele não haveria de ensinar aos filhos apenas essas coisas, que lhe ficavam muito caro, enquanto aquilo que não exigia despesa alguma, para fazer deles homens de bem, haveria de descurar, se a virtude realmente pudesse ser ensinada? Talvez imagines que Tucídides era homem apagado e que não dispunha de amigos entre os atenienses e seus aliados. Não; pertencia a uma grande casa e exerceu bastante influência tanto na cidade como entre os demais helenos; por isso, se a virtude pudesse ser ensinada, ser-lhe-ia fácil encontrar entre seus concidadãos ou entre os forasteiros, quem se incumbisse de fazer de seus filhos homens de bem, isso no caso de não lhe permitirem folga os negócios da cidade. Mas o que se verifica, meu caro Ânito, é que a virtude não pode ser ensinada.

Ânito — Sócrates, tu me pareces muito inclinado a falar mal dos outros. Aconselhar-te-ia a tomar cuidado, caso aceites este aviso. Talvez em toda a parte seja fácil fazer mais mal do que bem a qualquer pessoa. Aqui, pelo menos, é o que se observa todos os dias. Estou certo de que tu também sabes disso.

XXXV — Sócrates — Menão, quer parecer-me que Ânito se ofendeu. Não é de admirar. Em primeiro lugar, ele pensa que eu estou falando mal dessas pessoas, e, ademais, considera-se do seu número. Quando, porém chegar a compreender o que é falar mal de alguém, deixará de zangar-se comigo; por enquanto, ainda o ignora. Responde-me tu, agora: entre vós também há homens de prol?

Menão — Sem dúvida.

Sócrates — E então? E não se apresentam como preceptores dos moços, proclamando-se professores e apregoando que a virtude pode ser ensinada?

Menão — Não, por Zeus, Sócrates. Ouvirás de alguns que pode ser ensinada, e de outros que não pode.

Sócrates — E, nesse caso, deveremos considerá-los professores dessa matéria, se nem chegam a ficar de acordo sobre tal ponto?

Menão — Acho que não, Sócrates.

Sócrates — E que me dizes dos sofistas, que se apresentam como tal? Parece-te que realmente sejam professores de virtude?

Menão — É isso precisamente, Sócrates, que eu aprecio em Górgias, pois nunca lhe ouviste prometer nada parecido; pelo contrário: ri dos demais, sempre que os ouve falar nesse sentido. O que ele acha que pode ensinar é eloquência.

Sócrates — Então, és também de opinião que os sofistas não são professores?

Menão — Não sei o que diga, Sócrates. Comigo se dá como com toda a gente: às vezes acho que são; outras, que não são.

Sócrates — E não sabes que tu e os demais políticos são os únicos que ora julgam que a virtude pode ser ensinada, e ora que não pode ser? Deves estar lembrado de que o poeta Teógnis confirma isso mesmo.

Menão — Em que poema?

XXXVI — Sócrates — Na elegia em que diz:

Senta-te à mesa dos nobres de grande prestígio, e com eles
põe-te a comer e a beber, procurando agradá-los,
pois só com os bons saberás o que é bom; se com os
maus te meteres, o próprio siso virás facilmente a perder.

Como estás vendo, nessa passagem ele se refere à virtude, como se ela pudesse ser ensinada.

Menão — É evidente.

Sócrates — Mais adiante, porém, desvia-se dessa linha para dizer:

Se o entendimento pudesse ser criado e implantado nos homens,

e continua, com referência a quem conseguisse fazer isso:

Que recompensa admirável viria a alcançar!

Nunca ruim se tornou quem descende de pais virtuosos, quando conselhos acata prudentes. No entanto, não poderás com lições conseguir que o homem mau fique bom.

Não observaste que sobre o mesmo tópico ele volta a dizer o contrário?

Menão — É evidente.

Sócrates — E poderias indicar-me o que quer que seja, cujos supostos professores não sejam apenas tidos pelas demais pessoas, já não direi como incapazes de ensinar essa matéria, mas como ignorantes até mesmo do que ela seja e absolutamente incompetentes no que se propõem a ensinar, enquanto as pessoas de reconhecido valor ora dizem que a matéria pode ser ensinada, ora que não pode? E indivíduos a tal ponto desorientados neste ou naquele assunto, atreves-te a dizer que sejam os professores indicados para ensiná-los?

> Menão — Eu não, por Zeus!
>
> XXXVII — Sócrates — Sendo assim, se nem os sofistas nem as pessoas de reconhecido valor são professores de virtude, é fora de dúvida que ninguém mais poderá sê-lo.
>
> Menão — Acho também que não.
>
> Sócrates — Ora, se não há professores, não haverá discípulos.
>
> Menão — Parece-me ser assim mesmo como disseste.
>
> Sócrates — E não admitimos antes, que uma coisa, de que não há nem professores nem discípulos, não pode ser ensinada?
>
> Menão — Admitimos.
>
> Sócrates — Em parte alguma vemos professores de virtude.
>
> Menão — É assim mesmo.
>
> Sócrates — Não havendo professores, não haverá alunos.
>
> Menão — É certo.
>
> Sócrates — Logo, a virtude não pode ser ensinada.
>
> Menão — Parece mesmo que não pode, no caso de ter sido bem conduzida nossa investigação.

Proposta de estrutura argumentativa

Ânito e Sócrates conversam sobre os sofistas e, igualmente, sobre quem Menão deveria procurar para "tornar-se eminente na virtude". Ademais, a discussão gira em torno da seguinte investigação: a virtude pode ser ensinada? ("[...] não se trata de saber se há ou não gente boa entre nós, nem se houve no passado, mas se a virtude pode ser ensinada. É isso o que há muito vimos investigando".)

Sócrates toma o exemplo de Temístocles, excelente varão e – se for possível – excelente professor de virtude:

P_1A_1. Temístocles fez o filho Cleofanto um ótimo cavaleiro.

P_2A_1. Temístocles mandou ensinar à perfeição outros rasgos admiráveis e que só dependiam de bons professores ao filho.

$C_{final}A_1$ = P_1A_2.   O filho não tinha natureza inferior.

P_2A_2.   Temístocles não conseguiu que seu filho Cleofanto se tornasse virtuoso.

$C_{final}A_2$ A virtude não pode ser ensinada.

Sócrates toma, então, o exemplo de Aristides, filho de Lisímaco, para ilustrar o mesmo caso: o pai não conseguiu fazer do filho um homem virtuoso:

P_1A_3.   Aristides foi homem de prol, isto é, virtuoso.

P_2A_3.   Aristides deu ao filho Lisímaco instrução mais caprichada que de qualquer outro ateniense.

P_3A_3.   Lisíamaco não se tornou virtuoso.

$C_{final}A_3$.   A virtude não pode ser ensinada.

Como terceiro exemplo, Sócrates toma o caso de Péricles e seus filhos, Páralo e Xantipo:

P_1A_4.   Péricles fez com que seus filhos aprendessem equitação, música, ginástica e tudo quanto é arte.

P_2A_4.   Péricles haveria de querer que seus filhos se tornassem homens de bem.

P_3A_4.   Os filhos de Péricles não se tornaram virtuosos.

$C_{final}A_4$.   A virtude não pode ser ensinada.

Sócrates faz uso ainda de um quarto exemplo: Tucídides e os filhos Melésias e Estéfano:

P_1A_5.   Tucídides deu ótima instrução aos filhos, primando no ensino da luta e pagando caro por esses ensinamentos.

Apêndice – Estruturas argumentativas de textos filosóficos: alguns estudos de caso

P_2A_5. Tucídides, por ser homem de grande influência, não deveria ter dificuldade de encontrar quem se incumbisse de fazer de seus filhos homens de bem.

P_3A_5. Os filhos de Tucídides não se tornaram virtuosos.

$C_{final}A_5$. A virtude não pode ser ensinada.

Os cinco argumentos supracitados podem ser agrupados em um único, qual seja:

P_1A_6. Homens virtuosos, apesar de desejarem, não conseguiram que seus respectivos filhos se tornassem virtuosos.[79]

$C_{final}A_6$. A virtude não pode ser ensinada.

Ofendido com as colocações feitas por Sócrates, Ânito deixa o diálogo. Menão assume o lugar deste e concorda que há homens de prol. Menão e Sócrates concluem que não há professores de virtude:

P_1A_7. Os preceptores dos moços não podem ser considerados professores de virtude (porque não são unânimes com relação à virtude poder ser ensinada).

P_2A_7. Górgias, sofista conhecido, não se considera professor de virtude, apenas de eloquência.

P_3A_7. Os políticos e o poeta Teógines julgam ora que a virtude pode ser ensinada, ora que não pode e, assim, não são professores de virtude.

P_4A_7. Supostos professores (sofistas) não só são incapazes de ensinar a virtude como não sabem o que é a virtude.

---

[79] Nota-se que a P_1A_6 foi obtida indutivamente das premissas dos argumentos 1 a 5. Dado que os quatro homens virtuosos tomados como exemplos não conseguiram que seus respectivos filhos se tornassem virtuosos, conclui-se que, provavelmente, (todos os) homens virtuosos não conseguem tornar seus filhos virtuosos.

$C_{final}A_7$.   Não há professores de virtude.

Por conseguinte, Sócrates argumenta usando um típico *modus ponens*:

P_1A_8.   Se não há professores de virtude, não há discípulos de virtude.

P_2A_8. = $C_{final}A_7$.   Não há professores de virtude.

$C_{final}A_8$.   Não há discípulos de virtude.

E finaliza:

P_1A_9.   Uma coisa de que não há professores nem discípulos não pode ser ensinada.

P_2A_9. = $C_{final}A_7$ e $C_{final}A_8$.   Não há professores nem discípulos de virtude.

$C_{final}A_9$.   A virtude não pode ser ensinada.

Segundo caso

TOMÁS DE AQUINO (Santo). *Compêndio de teologia*. Tradução de Luiz João Baraúna. São Paulo: Abril Cultural, 1973. p. 78. Primeira parte, Capítulo quarto: Deus é imóvel. (Os Pensadores).

> 5. Daqui se infere ser necessário que o Deus que põe em movimento todas as coisas é imóvel. Com efeito, por ser a primeira causa motora, se Ele mesmo fosse movido, sê-lo-ia ou por si mesmo ou por outro. Ora, Deus não pode ser posto em movimento por outra causa motora, pois neste caso haveria uma outra causa anterior a Ele, com o que já não seria Ele a primeira causa motora. Se fosse movido por si mesmo, teoricamente isto poderia ocorrer de duas maneiras: ou sendo Deus, sob

> o mesmo aspecto, causa e efeito ao mesmo tempo, ou sendo Ele, sob um aspecto, causa de si mesmo e, sob outro, efeito.
>
> Ora, a primeira hipótese não pode ocorrer, pois tudo o que é movido está em potência, ao passo que o que move está em ato (na qualidade de causa motora). Se Deus fosse sob um e mesmo aspecto causa e efeito ao mesmo tempo, seria necessariamente potência e ato sob o mesmo aspecto e ao mesmo tempo, o que é impossível.
>
> Tampouco pode-se verificar a segunda hipótese acima apontada. Pois, se Deus fosse sob um aspecto causa motora, e sob outro efeito movido, já não seria a primeira causa em virtude de si mesmo. Ora, o que é por si mesmo, é anterior ao que não o é. Logo, é necessário que a primeira causa motora seja totalmente imóvel.

Proposta de estrutura argumentativa

O excerto de Tomás de Aquino é composto por inúmeros subargumentos. Diversos deles baseados no raciocínio por redução ao absurdo. A fim de mapear cada um deles, vejamos primeiramente qual a macroestrutura do texto em questão:

$P_1 A_{final}$. Por ser a primeira causa motora, se Ele mesmo fosse movido, sê-lo-ia ou por si ou por outro.

$P_2 A_{final}$. Deus não é movido nem por si ($C_{final} A_2$) nem por outro ($C_{final} A_1$).

$C_{final} A_{final}$. Deus é imóvel.

Note-se que se trata de um típico argumento *modus tollens*. Neste caso específico, a primeira premissa é básica; já a segunda é não básica, pois é inferida da argumentação procedente. Defenderá primeiramente o autor que *Deus não é movido por outra causa motora* ($C_{final} A_1$). Em seguida, concluirá que *Deus não é movido por si mesmo* ($C_{final} A_2$). As conclusões destes dois subargumentos, como indicado na estrutura acima, constituem a premissa 2 do argumento final.

Vejamos, pois, o primeiro subargumento, baseado em uma redução ao absurdo:

P_1A_1.   Se fosse movido por outra causa motora, então haveria uma outra causa anterior a Ele.

C_1A_1.   Já não seria Ele a primeira causa motora [o que é absurdo!].

$C_{final}A_1$.   Deus não pode ser posto em movimento por outra causa motora.

O segundo subargumento é ainda mais complexo, pois também é composto por subargumentos. A estrutura geral deste segundo subargumento em questão (outro *modus tollens!*) é a seguinte:

P_1A_2.   Se fosse movido por si mesmo, isso ocorreria – teoricamente – de dois modos: (i) ou sendo Deus, sob o mesmo aspecto, causa e efeito ao mesmo tempo ou (ii) sendo Ele, sob um aspecto, causa de si mesmo e, sob outro, efeito.

P_2A_2.   Tanto o modo (i) quanto o modo (ii) não são possíveis ($C_{final}A_{(i)}$ e $C_{final}A_{(ii)}$).

$C_{final}A_2$.   Deus não pode ser posto em movimento por si mesmo.

A premissa 2 do argumento 2 é não básica e, dessa forma, foi obtida de outro argumento. Neste caso, de dois outros argumentos, os quais serão denominados de (i) e (ii). Passemos, pois, ao exame dos mesmos.

$P_1A_{(i)}$.   Deus é, sob o mesmo aspecto, causa e efeito ao mesmo tempo.

$P_2A_{(i)}$.   Tudo o que é movido está em potência, ao passo que o que move está em ato (na qualidade de causa motora).

$C_1A_{(i)}$.   Deus é necessariamente potência e ato sob o mesmo aspecto e ao mesmo tempo [o que é absurdo!].

$C_{final}A_{(i)}$. Deus não é, sob o mesmo aspecto, causa e efeito ao mesmo tempo.

$P_1A_{(ii)}$. Deus é sob um aspecto causa motora e, sob outro, efeito movido.

$P_2A_{(ii)}$. O que é por si mesmo é anterior ao que não o é.

$C_1A_{(ii)}$. Deus já não seria a primeira causa em virtude de si mesmo [o que é absurdo!].

$C_{final}A_{(ii)}$. Deus não é, sob um aspecto, causa de si mesmo e, sob outro, efeito.

As conclusões finais dos argumentos (i) e (ii) são conclusões intermediárias na estrutura geral aqui reconstituída, pois, como supramencionado, constituem a premissa 2 do argumento 2. Finaliza-se, assim, a reconstrução argumentativa pretendida.

Terceiro caso

BERGSON. *O riso: ensaio sobre a significação da comicidade.* São Paulo, 2007, p. 1-6. Capítulo I: Da comicidade em geral / A comicidade das formas e a comicidade dos movimentos força de expansão da comicidade.

> O que significa o Riso? O que há no fundo do risível? O que haveria de comum entre uma careta de palhaço, um jogo de palavras, um qüiproquó de vaudeville, uma cena de comédia fina? Que destilação nos dará a essência, sempre a mesma, da qual tantos diferentes produtos extraem indiscreto odor ou delicado perfume? Os maiores pensadores, desde Aristóteles, estiveram às voltas com esse probleminha, que sempre se esquiva aos esforços, escorrega, escapa e ressurge, impertinente desafio lançado à especulação filosófica.
>
> Nossa escusa, para abordar o problema, é que não teremos em vista encerrar a invenção cômica numa definição. Vemos nela, acima de tudo, algo vivo. Por mais ligeira que seja, nós a trataremos com o respeito que se deve à vida. Nós nos limitaremos a vê-la crescer e desabrochar. De forma em

forma, por gradações insensíveis, diante de nossos olhos ela realizará singulares metamorfoses. Não desprezaremos nada do que virmos. Talvez, aliás, com esse contato assíduo ganhemos alguma coisa mais flexível que uma definição teórica: um conhecimento prático e íntimo, como o que nasce da longa camaradagem. E talvez descubramos também que, sem querer, travamos um conhecimento útil. Razoável, a seu modo, até em seus maiores desvios, metódica em sua loucura, sonhadora, se me permitem, mas capaz de evocar em sonhos visões que são prontamente aceitas e compreendidas por toda uma sociedade, por que a invenção cômica não nos daria informações sobre os procedimentos de trabalho da imaginação humana e, mais particularmente, da imaginação social, coletiva, popular? Oriunda da vida real, aparentada com a arte, como não nos diria ela também uma palavra sua acerca da arte e da vida? Faremos no início três observações que consideramos fundamentais. Referem-se menos à comicidade em si do que ao lugar onde esta deve ser procurada.

Vejamos agora o primeiro ponto para o qual chamaremos a atenção. Não há comicidade fora daquilo que é propriamente humano. Uma paisagem poderá ser bela, graciosa, sublime, insignificante ou feia; nunca será risível. Rimos de um animal, mas por termos surpreendido nele uma atitude humana ou uma expressão humana. Rimos de um chapéu; mas então não estamos gracejando com o pedaço de feltro ou de palha, mas com a força que os homens lhe deram, com o capricho humano que lhe serviu de molde. Como um fato tão importante, em sua simplicidade, não chamou mais a atenção dos filósofos? Vários definiram o homem com "um animal que sabe rir".

Poderiam também tê-lo definido como um animal que faz rir, pois, se algum outro animal ou um objeto inanimado consegue fazer rir, é devido a uma semelhança com o homem, à marca que o homem lhe imprime ou ao uso que o homem lhe dá.

Cabe ressaltar agora, como sintoma não menos digno de nota, a insensibilidade que ordinariamente acompanha o riso. Parece que a comicidade só poderá produzir comoção se cair sobre uma superfície d'alma serena e tranquila. A diferença é seu meio natural. O riso não tem maior inimigo que a emoção. Não quero com isso dizer que não podemos rir de uma pessoa que nos inspire piedade, por exemplo, ou mesmo afeição: é que então, por alguns instantes, será preciso esquecer essa afeição, calar essa piedade. Numa sociedade de puras inteligências provavelmente não mais se choraria, mas talvez ainda risse; ao passo que almas invariavelmente sensíveis, harmonizadas em uníssono com a vida, nas quais qualquer acontecimento se prolongasse em ressonância o riso. Que o leitor tente, por um momento, interessar-se por tudo o que é dito e tudo o que é feito, agindo, em imaginação, com os que agem, sentindo com os que sentem, dando enfim à simpatia a mais irrestrita expressão: como num passe de mágica os objetos mais leves lhe parecerão ganhar peso, e uma coloração grave incidirá sobre todas as coisas. Que o leitor agora se afaste, assistindo à vida como espectador indiferente: muitos dramas se transformarão em comédia. Basta taparmos os ouvidos ao som da música, num salão de baile, para que os dançarinos logo nos pareçam ridículos. Quantas ações humanas resistiriam a uma prova de chofre do grave ao jocoso, se as isolássemos da música de sentimento que as acompanha? Portanto para produzir efeito pleno, a comicidade exige enfim algo como uma anestesia momentânea do coração. Ela se dirige à inteligência pura.

Mas essa inteligência deve permanecer em contato com outras inteligências. Esse é o terceiro fato para o qual desejamos chamar a atenção. Não saborearíamos a comicidade se nos sentíssemos isolados. Parece que o riso precisa de eco. Ouçamo-lo: não é um som articulado, nítido, terminado; é algo que gostaria de prolongar-se repercutindo de um ponto ao outro, algo que começa com um estrépito para continuar em ribombo, assim como o trovão na montanha. E no entanto essa repercussão não deve ir ao infinito. Ela pode caminhar no interior de um círculo tão amplo quanto se queira; nem por isso o círculo deixa de ser fechado. Nosso riso é sempre o riso de um grupo. Ao leitor talvez já tenha ocorrido ouvir, em viagem de trem ou à mesa de hospedarias, histórias que deviam ser cômicas para os viajantes que as contavam, pois que os faziam rir com muito gosto.

O leitor teria rido como eles se pertencesse à sociedade deles. Mas não pertencendo, não tinha vontade alguma de rir. Um homem, a quem perguntaram por que não chorava num sermão em que todos derramavam muitas lágrimas, respondeu: "Não sou desta paróquia". O que esse homem pensava das lágrimas seria ainda mais aplicável ao riso. Por mais franco que o suponham, o riso esconde uma segunda intenção de entendimento, eu diria quase de cumplicidade, com outros ridentes, reais ou imaginários. Quantas vezes já não se disse que o riso do espectador, no teatro, é tanto largo quanto mais cheia está a sala; quantas vezes não se notou, por outro lado, que muitos efeitos cômicos são intraduzíveis de uma língua para outra, sendo portanto relativos aos costumes e às idéias de uma sociedade em particular? Mas foi por não se ter entendido a importância desses dois fatos que se viu na comicidade uma simples curiosidade em que o espírito se diverte, e no próprio riso um fenômeno estranho, isolado, sem relação com o resto da atividade humana. Donde as definições que tendem a fazer da comicidade uma relação abstrata entre idéias percebidas pelo espírito, "contraste intelectual", "absurdidade sensível" etc., definições que, mesmo convindo realmente a todas as formas da comicidade, não explicariam de modo algum por que o que é cômico nos faz rir. Por que motivo, com efeito, essa relação lógica particular, tão logo percebida, nos contrai, nos dilata, nos sacode, enquanto todas as outras deixam nosso corpo indiferente? Não é por esse lado que abordaremos o problema. Para compreender o riso, é preciso colocá-lo em seu meio natural, que é a sociedade; é preciso, sobretudo, determinar sua função útil, que é uma função social. Essa será – convém dizer desde já – a idéia diretiva de todas as nossas investigações. O riso deve corresponder a certas exigências da vida em comum. O riso deve ter uma significação social.

Marquemos nitidamente o ponto para o qual convergem nossas três observações preliminares. A comicidade nascerá,

> ao que parece quando alguns homens reunidos em grupo dirigirem todos a atenção para um deles, calando a própria sensibilidade e exercendo apenas a inteligência. Qual é então o ponto em particular para o qual deverá dirigir-se a atenção deles? E que será empregada a inteligência? Responder a essas perguntas será já cercar mais o problema. Mas é indispensável dar alguns exemplos.

Proposta de estrutura argumentativa

O estilo literário do excerto de Bergson aqui analisado, recheado de exemplos e sentenças interrogativas, torna o trabalho de construção da estrutura argumentativa diferente dos fragmentos anteriores. Deve-se atentar às respostas dadas, bem como às perguntas retóricas.

São vários os trechos argumentativos deste capítulo bergsoniano sobre a comicidade geral. Trata-se de pequenos argumentos que visam dar sustento àquele que é exposto no parágrafo final. Baseando-se em três observações defendidas preliminarmente, o autor conclui que "A comicidade nascerá, ao que parece, quando alguns homens reunidos em grupo dirigirem todos a atenção para um deles, calando a própria sensibilidade e exercendo apenas a inteligência". Dessa forma, as premissas do argumento final (identificadas por Bergson como "observações") são extraídas como conclusões de outros três argumentos, aos quais denotaremos por A_1, A_2 e A_3. Os demais subargumentos deste caso estudado, por sua vez, não serão particularmente nomeados. Segue-se, pois, a estrutura geral da argumentação:

$P_1 A_{final}$ = [Observação 1] Não há comicidade fora daquilo
$C_{final} A_1$. que é propriamente humano.

$P_2 A_{final}$ = [Observação 2] Há uma insensibilidade que
$C_{final} A_2$. ordinariamente acompanha o riso.

$P_3A_{final'} =$ [Observação 3] A inteligência a qual o riso se
$C_{final}A_3.$ dirige deve permanecer em contato com outras inteligências, *i.e.*, nosso riso é sempre um riso de um grupo.

$C_{final}A_{final'}$ A comicidade nascerá quando alguns homens reunidos em grupo dirigirem todos a atenção para um deles, calando a própria sensibilidade e exercendo apenas a inteligência.

Antes de sustentar as três observações acima referidas, Bergson traz um argumento preliminar, qual seja:

$P_1.$ O riso é um desafio lançado à especulação filosófica.

$P_2.$ A invenção cômica é algo vivo.

C.   A invenção cômica nos dirá acerca da arte e da vida.

Seguem-se, finalmente, as demais estruturas argumentativas extraídas do texto *Da comicidade em geral*:

$P_1A_1.$ Uma paisagem, um animal ou um chapéu podem ser belos, graciosos, sublimes, insignificantes, etc., mas nunca, risíveis.

$C_{final}A_1. =$ [Observação 1] Não há comicidade fora daquilo
$P_1A_{final'}$ que é propriamente humano.

$P_1A_2.$ A comicidade só poderá produzir comoção se cair sobre uma superfície d'alma serena e tranqüila.

$P_2A_2.$ A diferença é seu meio natural.

$P_3A_2.$ O riso não tem maior inimigo que a emoção.

$C_{final}A_2. =$ [Observação 2] Há uma insensibilidade que
$P_2A_{final'}$ ordinariamente acompanha o riso.

$P_1. = C_{final}A_2.$ Há uma insensibilidade que ordinariamente acompanha o riso.

C.	Para produzir efeito pleno, a comicidade exige algo como uma anestesia momentânea do coração; dirige-se à inteligência pura.
$P_1A_3.$	Não saborearíamos a comicidade se nos sentíssemos isolados.
$P_2A_3.$	O riso precisa de eco (não é um som articulado...).
$P_3A_3.$	A repercussão (eco) não deve ir ao infinito.
$C_{final}A_3. =$ $P_3A_{final}.$	[Observação 3] A inteligência a qual o riso se dirige deve permanecer em contato com outras inteligências, *i.e.*, nosso riso é sempre um riso de um grupo.
$P_1.$	Para compreender o riso é necessário colocá-lo em seu meio natural (a sociedade).
$P_2.$	Para compreender o riso é necessário determinar a sua função útil (função social).
$P_3.$	O riso deve corresponder a certas exigências da vida comum.
$P_4.$	O riso deve ter uma significação social.
C.	A tradição se enganou em ver na comicidade uma simples curiosidade em que o espírito se diverte e no riso um fenômeno estranho, isolado, sem relação com o resto da atividade humana.

Com esta última conclusão, Bergson completa a trajetória argumentativa que culmina no que aqui foi denominado de argumento final. Encerremos este estudo, assim, reproduzindo a estrutura geral do excerto bergsoniano sugerida no início deste terceiro e derradeiro caso:

$P_1A_{final}. =$ $C_{final}A_1.$	[Observação 1] Não há comicidade fora daquilo que é propriamente humano.

$P_2A_{final}. = C_{final}A_2.$	[Observação 2] Há uma insensibilidade que ordinariamente acompanha o riso.
$P_3A_{final}. = C_{final}A_3.$	[Observação 3] A inteligência a qual o riso se dirige deve permanecer em contato com outras inteligências, *i.e.*, nosso riso é sempre um riso de um grupo.
$C_{final}A_{final}.$	A comicidade nascerá quando alguns homens reunidos em grupo dirigirem todos a atenção para um deles, calando a própria sensibilidade e exercendo apenas a inteligência.

Referências

ARENDT, Hannah. *A vida do espírito: o pensar, o querer, o julgar*. Tradução de Antônio Abranches, César A. R. de Almeida e Helena Martins. Rio de Janeiro: Relume-Dumará, 1995.

ARISTÓTELES. *Organon*. Tradução de Pinharanda Gomes. Lisboa: Guimarães, 1986.

ARISTÓTELES. *Metafísica*. Tradução de Marcelo Perine. São Paulo: Edições Loyola, 2005.

BERNARDO, Gustavo. *Educação pelo argumento*. Rio de Janeiro: Rocco, 2000.

BRANQUINHO, João; MURCHO, Desidério; GOMES, Nelson Gonçalves. *Enciclopédia de termos lógico-filosóficos*. São Paulo: Martins Fontes, 2006.

BRASIL. Ministério da Educação. Secretaria de Educação Básica. *Orientações Curriculares para o Ensino Médio*: ciências humanas e suas tecnologias. Brasília: MEC/SEB, 2006.

BRASIL. Ministério da Educação. ENEM – Exame Nacional do Ensino Médio (2008). Disponível em: <http://www.enem.inep.gov.br/index.php?option=com_content&task=view&id=18&Itemid=28>. Acesso em: 16 nov. 2009.

CARNIELLI, Walter A.; EPSTEIN, Richard L. *Pensamento crítico: o poder da lógica e da argumentação*. São Paulo: Ridell, 2009.

CHALMERS, Alan F. *O que é ciência, afinal?*. Tradução de Raul Fiker. São Paulo: Brasiliense, 1993.

CHAUÍ, Marilena. Prefácio. In: MATOS, Olgária. *Filosofia, a polifonia da razão*. Filosofia e educação. São Paulo: Scipione, 1997.

COPI, Irving M. *Introdução à lógica*. Tradução de Álvaro Cabral. São Paulo: Mestre Jou, 1978.

CUNHA, Celso; CINTRA, Luís F. L. *Nova Gramática do Português Contemporâneo*. Rio de Janeiro: Nova Fronteira, 1985.

DA COSTA, Newton C. A. *Lógica indutiva e probabilidade*. São Paulo: Hucitec: Editora da Universidade de São Paulo, 1993. FISHER, Alec.

A lógica dos verdadeiros argumentos. Tradução de Rodrigo Castro. São Paulo: Novo Conceito, 2008.

GUIMARÃES ROSA, João. Conversa de bois. In: *Sagarana*. Rio de Janeiro: Record, 1984, p. 301-338.

HAACK, Susan. *Filosofia das lógicas*. Tradução de Cezar Augusto Mortari e Luiz Henrique de Araújo Dutra. São Paulo: UNESP, 2002.

HALMOS, Paul R. *Teoria ingênua dos conjuntos*. Tradução de I. Bicudo. São Paulo: Edusp: Polígono, 1970.

HARMAN, Gilbert. The inference to the best explanation. *Philosophical Review*, v. 74, n.1, p. 88-95, 1965.

JOSEPHSON, John R.; JOSEPHSON, Susan G. (Ed.) *Abductive inference: computation, philosophy and technology*. Cambridge, U.K.: Cambridge University Press, 1994.

KNEALE, Willian; KNEALE, Martha. *O desenvolvimento da lógica*. Tradução de M. S. Lourenço. Lisboa: Fundação Calouste Gulbenkian, 1991.

KRAUSE, Décio. *A lógica paraconsistente*. Disponível em: <http://www.cfh.ufsc.br/~dkrause/LogicaI/ParaconsistenteSA.htm>. Acesso em: 27 jun. 2010.

KYBURG, Henry E. *Probability and inductive logic*. London, Macmillan, 1970.

LORIERI, Marcos Antônio. *Filosofia: fundamentos e métodos. Filosofia no ensino fundamental*. São Paulo: Cortez, 2002. – (Coleção Docência em Formação)

LORIERI, Marcos Antonio; RIOS, Terezinha Azeredo. *Filosofia na escola: o prazer da reflexão*. São Paulo: Moderna, 2008. – (Cotidiano escolar. Ação docente)

MARANHÃO, Juliano S. A. Von Wright e o Silogismo Prático como Método de Compreensão da Ação. *Cognitio: revista de filosofia*. Centro de Estudos do Pragmatismo, Programa de Estudos Pós-Graduados em Filosofia da Pontifícia Universidade Católica de São Paulo. V. 7, n. 2 (jul./dez. 2006), p. 261-275. São Paulo: EDUC, 2006.

MATES, Benson. *Lógica elementar*. Tradução de Leônidas H. B. Hegenberg e Octanny Silveira da Mota. São Paulo: Nacional/EDUSP, 1967.

MATOS, Olgária. *Filosofia, a polifonia da razão. Filosofia e educação*. São Paulo: Scipione, 1997.

MORTARI, Cezar. *Introdução à lógica*. São Paulo: Unesp/Imprensa Oficial do Estado, 2001.

MURCHO, Desidério. *O lugar da lógica na filosofia*. Lisboa: Plátano, 2003.

NICOLA, Ubaldo. *Antologia ilustrada de filosofia: das origens à idade moderna*. Tradução de Maria Margherita De Luca. São Paulo: Globo, 2005.

NIELSEN NETO, Henrique (Org.). *O ensino da filosofia no 2º Grau*. São Paulo: SEAF/Sofia, 1986.

NOLT, John; ROHATYN, Dennis. *Lógica*. Tradução de Mineko Yamashita; revisão técnica de Leila Zardo Puga. São Paulo: McGraw-Hill, 1991. – (Coleção Schaum)

PEIRCE, Charles. *Collected papers of Charles Sanders Peirce*. Charles Hartshorne; Paul Weiss; Arthur Burks (Eds.). Cambridge: Harvard University Press, 1935-1953.

PERELMAN, Chaïm; OLBRECHTS-TYTECA, Lucie. *Tratado da argumentação: a nova retórica*. Tradução de Maria Ermantina de Almeida Prado Galvão. São Paulo: Martins Fontes, 2005.

POLYA, George. *How to solve it*. Londres: Penguin Books, 1990.

POPPER, Karl. *A lógica da pesquisa científica*. Tradução de Leonidas Hegenberg e Octanny Silveira da Mota. São Paulo: Cultrix, 1993.

REALE, Giovanni; ANTISERI, Dario. *História da filosofia: filosofia pagã antiga*. Tradução de Ivo Storniolo. São Paulo: Paulinas, 2003. v. 1.

REALE, Giovanni; ANTISERI, Dario. *História da filosofia: do humanismo a Descartes*. Tradução de Ivo Storniolo. São Paulo: Paulinas, 2004. v. 3

ROCHA, Ronai Pires. *Ensino de filosofia e currículo*. Petrópolis: Vozes, 2008.

RUSSELL, Bertrand. *Os problemas da filosofia*. Tradução de Desidério Murcho. Lisboa: Edições 70, 2008.

SÀÁGUA, João. In: BRANQUINHO, João; MURCHO, Desiderio; GOMES, Nelson Gonçalves. *Enciclopédia de termos lógico-filosóficos*. São Paulo: Martins Fontes, 2006.

SALMON, Wesley C. *Lógica*. Tradução de Álvaro Cabral. Rio de Janeiro: LTC, 2002.

SMULLYAN, Raymond. *Alice no país dos enigmas: incríveis problemas lógicos no país das maravilhas*. Tradução de Vera Ribeiro. Rio de Janeiro: Jorge Zahar Editor, 2000.

TOULMIN, Stephen E. *Os usos do argumento*. Tradução de Reinaldo Guarany. São Paulo: Martins Fontes, 2006.

WALTON, Douglas N. *Lógica informal: manual de argumentação crítica*. Tradução de Ana Lúcia R. Franco e Carlos A. L. Salum. São Paulo: Martins Fontes, 2006 (Coleção Biblioteca universal).

Este livro foi composto com tipografia Minion
e impresso em papel off-Set 75g/m²na UmLivro